初中语文

单元写作学习任务群
教学设计

罗文华　刘恺昕　魏俊芸 ◎ 主编

中国农业出版社
农村读物出版社
北　京

编　委　会

序　言

小步快走　螺旋上升

——初中语文写作教学三十年的探索与实践

写作教学是语文教学的重中之重，是我们一线语文教师必须全力攻克的一道难关。为真正突破这一教学难点，笔者坚持探索初中语文写作教学，小步快走，螺旋上升，先后历时三十载，大致分为四个阶段：

第一阶段：1993 年 9 月至 1999 年 7 月。笔者从师范毕业后，被分配到一所乡村中学任教。面对农村中学生语文基础差、底子薄的现状，笔者没有气馁，选择了把作文教学作为提高语文成绩的突破口。

笔者在班上办了一个图书角，把自己多年来收藏的图书和报刊全部捐献出来，并提出"只要人人都献出一本书，班上将变成书的海洋"的口号，动员学生捐书。这一招还真灵，图书角的图书数量大增，图书内容也丰富了，这些都极大地调动起了学生的阅读兴趣。当学生的作文一旦出现了"闪光之笔"，就及时表扬、宣传，让学生在学习中感到快乐，在快乐中主动求知。

每个周六的下午，当人们在家尽情享受假日的欢愉与温馨时，笔者不计报酬地辛勤培育这 50 株热爱写作的"幼苗"。为了给学生提供习作交流的园地，笔者还组织学生自编、自刻、自印了校园小报《晨日》，用以登载学生的优秀作品，极大地调动了其创作的积极性。每逢寒暑假，还鼓励、引导他们利用假期"充电"，办手抄报并在开学初举办手抄报比赛，对优秀者给予奖励并举办展览……

多年后，每当师生们聚会时，学生们都会笑着对笔者说："您的作文教学还真有一套，让我们真正爱上了写作！"

第二阶段：1999年9月至2012年7月。笔者坚持订阅《语文教学通讯》《作文与考试》等刊物，积极探索生命教育与作文教学相结合的有效途径。经过反复摸索与实践，一种新奇、有趣的作文形式——"循环日记"应运而生，即把全班分成若干个小组，排列好先后顺序，每组学生合用一个日记本，依次轮流写作，并由学生们评出"最佳习作小组""最佳作者""最佳读者"。对于被评选出的优秀日记，笔者每天都要让"作者"在班上朗读它，并及时收入班级自办的《优秀作文选》，向优秀刊物推荐发表。

"循环日记"引入竞争机制，极大地满足了学生的"表现欲"，培养了学生的集体荣誉感，是师生心灵对话的圣地，并使学生健步踏入了一个"生活——写作——生活"的良性循环轨道。

同时，笔者还会在深入批改学生作文的基础上，找出学生习作中普遍存在的问题，制作成微课或导学案，逐个加以突破。在进行作文讲评时，用好、中、差三篇习作，让学生讨论、修改，并说明理由，在交流中碰撞出思维的火花。对于问题较大的习作则进行面批，当面指出其问题，鼓励学生反复修改，直到能够发表为止。

多年来，笔者从未停止过对作文教学的探索与实践，逐步形成了"培思——习作——互评——面改——打磨——发表"的六步作文教学法，编制了一年级至九年级整套作文导学案，总结出"五个结合"，实现作文"少教多学"的新举措。

第三阶段：2012年9月至2022年7月。为了进一步提高学生的写作能力，使写作教学序列化，笔者带领团队申报了江西省重点课题——《初中语文作文教学分点有序突破研究》。经过探索与实践，撰写了课题研究主报告和"学生作文现状调查研究"的报告，形成了阶段性的研究工作小结。

同时，在《江西教育》发表初中语文写作教学方面的论文多篇；编写了7本校本写作教材；指导30余位学生的习作在《作文与考试》《读写月报》《信息日报》《晨报》上发表；指导多名学生参加国家、省市级作文比赛并获奖；编写多期校报《触梦》；录制多个作文教学视频、音频；课题组成员在省市、国家级平台进行写作课展示；开发并编制了部编本教材（七年级上下册）16个作文教学设计方案；开发并编制了中考作文有序推进的20篇作文导学案。

第四阶段：2022年9月至今，笔者带领工作室团队申报了江西省级课题《初中语文单元写作学习任务群教学设计与实践研究》，全力开发部编本初中语文六册教材每个单元的系列教学设计、教学实录并录制系列精品课，积极向各种平台进行推送；撰写相关论文发表，出版写作教学专著等。

《初中语文单元写作学习任务群教学设计》是部编本新教材出版发行以来，国内首部学习任务群视域下的初中语文单元写作教学设计的专著。该书针对部编本初中语文教材所涉及的35个写作单元而编写。编写团队由教学经验丰富的一线优秀教师和学科理论品质突出的硕士研究生组成。

《初中语文单元写作学习任务群教学设计》把学习任务群作为内容组织与呈现方式，紧扣语文核心素养培养，在准确把握教材编写思路和意图的基础上，明确每个单元在写作教学上的教学要求、核心价值与育人目标，结合课堂教学实际，提供了周到而详细的教学设计方案。该书基于教材单元课后的写作教学内容，依据单元课文文本，挖掘写作教学的知识，同时，把写作的训练分解为若干个具有梯度的任务，与日常阅读教学相结合。这既能反映初中语文写作教学改革的最新理念与成果，又能切实有效地帮助一线语文教师开展写作教学。

在写作策略建构时，该书特别强调要多措并举，因材施教、因班施教。把学习任务群、单元写作、情境创设、支架援助巧妙融合在一起。重视写作的全过程指导，如准备阶段，重视头脑风暴及写作素材的收集；撰写阶段，注重写作支架的开发与实践；修改阶段，巧用写作评价量表促进学生不断修改、完善习作。

在学中悟，在做中学。该书提炼了每一课的写作教学知识，同时把教材写作部分的某项写作能力作为一个目标，基于这一目标，设计了具有梯度的写作任务，囊括了一篇高质量作文的主要步骤，促使学生在实践中得到真正提高。

总之，这是一本参考性、操作性极强的作文书，值得您拥有！

是为序。

江西师范大学附属中学　罗文华

2025 年 1 月 17 日于江西南昌

目　录

序言

理　论　篇

一、情境：单元写作教学的起点 ⋯⋯⋯⋯⋯⋯⋯⋯⋯ 3

二、应用任务群驱动单元写作 ⋯⋯⋯⋯⋯⋯⋯⋯⋯ 4

三、单元写作评价量表的设计与使用 ⋯⋯⋯⋯⋯⋯⋯ 5

实　践　篇

善于观察　勤于思考

　　——热爱写作　学会观察（七上第一单元）⋯⋯⋯⋯⋯ 11

记叙清晰　详略得当

　　——学会记事（七上第二单元）⋯⋯⋯⋯⋯⋯⋯⋯ 21

去除"旁枝"　凸显"主干"

　　——如何突出中心（七上第三单元）⋯⋯⋯⋯⋯⋯ 27

瞄准中心　言而有序

　　——思路要清晰（七上第四单元）⋯⋯⋯⋯⋯⋯⋯ 33

动物可爱　萌宠情深

　　——记述与动物的相处（七上第五单元）⋯⋯⋯⋯⋯ 40

放飞思维　穿越时空

　　——发挥联想和想象（七上第六单元）⋯⋯⋯⋯⋯ 46

聚焦　细描　强调　点睛

　　——写出人物的精神（七下第一单元）⋯⋯⋯⋯⋯ 52

巧用抒情　妙笔生花

　　——学习抒情（七下第二单元）⋯⋯⋯⋯⋯⋯⋯ 57

善用细节描写　打动读者的心

　　——抓住细节（七下第三单元）⋯⋯⋯⋯⋯⋯⋯ 63

选材要严 开掘要深
　　——怎样选材（七下第四单元）·················· 69

准确连贯 流畅表达
　　——文从字顺（七下第五单元）·················· 75

不蔓不枝 简明清晰
　　——语言简明（七下第六单元）·················· 80

重要事件 永恒定格
　　——新闻写作（八上第一单元）·················· 86

生平真实 展现特征
　　——学写传记（八上第二单元）·················· 93

山水入眼 情景在心
　　——学习描写景物（八上第三单元）·············· 99

语言要连贯 句段巧衔接
　　——语言要连贯（八上第四单元）·············· 104

理事物特征 品说明之美
　　——说明事物要抓住特征（八上第五单元）········ 110

到什么山头 唱什么歌
　　——表达要得体（八上第六单元）·············· 115

聚焦核心素养 培养仿写能力
　　——学习仿写（八下第一单元）················ 122

说明有顺序 作文有条理
　　——说明的顺序（八下第二单元）·············· 128

品读经典 抒写心语
　　——学写读后感（八下第三单元）·············· 133

超级演说家
　　——撰写演讲稿（八下第四单元）·············· 138

描写景物 抒发感受
　　——学写游记（八下第五单元）················ 145

讲故事 懂生活
　　——学写故事（八下第六单元）················ 151

驱遣联想与想象 借助意象抒情
　　——尝试创作诗歌（九上第一单元）············ 159

观点明确 言有其旨
　　——观点要明确（九上第二单元）·············· 165

言之有据　论则成信
　　——议论要言之有据（九上第三单元）…………………… 172

以小见大　引人入胜
　　——学写小小说（九上第四单元）……………………………… 177

理据双行　论证合理
　　——论证要合理（九上第五单元）……………………………… 183

善用思维方法　提炼写作技巧
　　——学会深入思考（九上第六单元）………………………… 188

精选角度　添枝加叶
　　——学习扩写（九下第一单元）………………………………… 194

拨云见日　脱颖而出
　　——审题立意（九下第二单元）………………………………… 200

整体谋划　把握全局
　　——布局谋篇（九下第三单元）………………………………… 207

文不厌改　精益求精
　　——修改润色（九下第四单元）………………………………… 213

博采众长　成一家风格
　　——有创意地表达（九下第六单元）………………………… 219

后记 ……………………………………………………………………… 225

理论篇

根据《义务教育语文课程标准（2022 版）》对构建语文学习任务群的相关论述，笔者经过探索与实践，归纳出设计单元写作学习任务群的基本路径：整体解读教材单元内容，分析单元主题——根据新课标及学情，确定核心写作任务和学习元素——创设单元写作情境，选择教学资源——围绕核心写作任务，设计单元写作系列子任务——围绕子任务设计若干写作实践活动——全过程指导，提供多样化的写作支架——制定评价量表进行评改，构建完整的写作学习任务群，真正体现单元写作学习任务群情境性、实践性、综合性的特点。其中，最重要的三个环节莫过于创设单元写作情境、设计若干个单元写作任务及支架、制定单元写作评价量表，其真正体现了"教、学、评"的一致性。

一、情境：单元写作教学的起点

（一）情境的概念

情境是为了实现特定的教学目标，教师根据教学内容和学生的认知水平、心理特点等，通过多种手段营造出的一种富有真实情感氛围、问题导向和实践意义的学习场景，具有真实性、问题性和实践性的特点。旨在通过情境创设，为学生提供真实实践的机会，引导学生在语言实践过程中掌握语言文字运用的规律，提高语言表达能力。

（二）情境创设的重要性

新课标明确提出，无论是课程内容的选择和组织、课堂教学的实施，还是教学评价的实施，都应该重视情境，尤其应在真实的情境下进行。部编本语文教材明确了单元写作的学习要点，为一线语文教师进行单元写作教学明确了目标和方向，但是如何打通教师的教和学生的学、聚焦单元要点、提升学生语言表达能力？《义务教育语文课程标准（2022 版）》中对"第四学段7～9年级"的"表达与交流"方面的要求是"多角度观察生活，发现生活的丰富多彩……写作要有真情实感，表达自己对自然、社会、人生的感受、体验和思考"。情境创设能够为学生提供一个与现实世界紧密相连的学习环境。将单元写作学习要点和学生的生活联系起来，激发学生的学习兴趣和积极性，能够使他们在真实情境中更好地理解单元写作的相关知识。在单元写作教学过程中，具有真实体验性的情境创设的融入，才能让学生在情境氛围中感受到知识的真实性和实用性。学生不再是被动地接受知识，而是在亲身参与和体验中，深刻理解到知识的内涵，从而培养自己解决实际问题的能力，明确学习的主体地位。

（三）情境创设与单元写作的关联性

情境，是单元写作教学的起点。围绕单元主题，为实现单元写作学习要点，教师应设置具有真实性、问题性和实践性的情境，在情境任务体验过程中，让学生完成单元写作任务，从而掌握单元写作的学习要点，实现语文写作指导的实用性和有效性。

在单元写作教学实施过程中，按照"创设情境任务——确定情境目标——设计情境支架"的流程进行设计，可以为学生呈现生动、具体的写作情境，丰富单元写作训练内容，提供单元写作情境支架，体现情境学习的真实性、情境训练的渐进性，在情境活动中为学生完成单元写作任务提供全过程指导，从而切实提高学生的语文写作素养。

二、应用任务群驱动单元写作

现行部编本初中语文教材写作系统急需解决的问题是一些写作提示较为简单，对学生写作的指导性不够，需要进一步充实完善。为解决这个问题，教师在写作策略建构时，应特别强调多措并举，因材施教、因班施教。把学习任务群、单元写作、情境创设、支架搭建巧妙融合在一起。尤其要重视写作的全过程指导：准备阶段，重视头脑风暴及写作素材的收集；撰写阶段，注重写作支架的开发与实践；修改阶段，巧用写作评价量表促进学生不断修改、完善习作等。

（一）学习任务群的概念及特点

语文学习任务群是以新课标理念为指导，以学习项目为载体，通过整合学习情境、内容、方法、资源，组合若干学习项目，让学生在学习中完成的任务集合，它一般是由相互关联的系列学习子任务组成，共同指向学生的核心素养发展，具有情境性、实践性、综合性的特点。任务群的使命就是要破解语文教学内容、教学评价、教学知识等碎片化的顽疾。

（二）单元写作的内涵及意义

单元写作是根据单元主题进行的、与单元课程内容紧密相连的语言应用活动。单元写作板块意在整合单元知识，增强学生的语言应用能力。单元写作环节一般编排在课文之后，依据学习任务群设计，旨在让学生从单元整体规划的角度找准单元写作要点，它有助于学生学以致用，也有利于教师构建单元教学闭环，体现了任务、情境、整合、实践等新课标理念。

现行部编本初中语文教材已经为一线教师提供了各年级写作训练点的序列，随阅读、随栏目设计了融合式的写作任务，并提供了多样化写作实践，强化了真实性写作、过程性指导、情境性意识，为教师们进一步开发单元写作课例奠定了良好的基础。

（三）学习任务群与单元写作的关联性

单元写作学习任务群，是以部编本初中语文教科书的基本单元为基础构建的。它是以单元的表达要素为基点设计的写作训练点，从单元教材的编排特点出发选择匹配的写作学习资源，借助单元的基本板块开展相关的写作活动。

单元写作学习任务群，从本质上看，就是由一系列写作任务连缀成的写作实践活动"群落"，而单元教材，则为写作活动提供了一系列"原材料"。写作活动的内容就是对这些"原材料"进行加工。沿着单元教材的分布格局，每个写作实践活动相对完整和独立，而彼此之间也不可替代、无法逆转。它们整合了各种课程资源，联结了学习情境与生活情境，组建成学习共同体，最终指向语文核心素养。

以教材为基础的"单元写作学习任务群"，让单一的"习作"训练变成一个相对完整的写作训练系统，让原本指向阅读的教材文本走向阅读与写作功能兼顾的综合型文本，让单元内原本相对独立的教材板块资源相互整合，训练优化升级。

总之，在单元写作学习任务群设计中，基本需按照"析主题——定目标——创情境——做任务（活动）——搭支架——巧评改"的流程进行设计，体现学习任务的进阶性、思维的流畅性及方法的可操作性。

三、单元写作评价量表的设计与使用

（一）单元写作评价量表的概念及特点

写作评价量表（Rubrics）是一种教育工具，用于对学生在完成写作任务后的表现进行评价。这种评价方式通过设定具体的评价标准和等级，帮助学生明确写作的质量标准，从而提高写作技能。它具有可视化、全面性、动态性的特点，可用于教学反馈、学生自我评估及同伴互助等。

（二）单元写作评价量表的作用

单元写作评价量表的使用场景非常广阔，几乎可以囊括学生写作的整个过程，无论是写作初始阶段的立意、选材，还是教学过程中，乃至于完成初稿后的评价和修改，写作评价量表都能发挥巨大的作用。

1. 立意与选材阶段，应用写作评价量表有利于确定写作内容

选材立意阶段的写作评价量表主要是用来确定写作的主要内容，以选材为例，好的选材一定包括围绕中心、真实性、事件清晰、内容独特、有一定的丰富性等评价标准。

2. 构思与创作阶段，引导学生讨论写作评价量表的过程有利于建构写作知识

在学生构思作文以及学生学习写作的过程中，教师与学生一起设计写作评价量表是一项极佳的写作学习活动。以仲彬老师《借助评估量表提高动作描写水平》为例，整堂课以设计动作描写的写作量表为主线，学生借助教材《从百草园到三味书屋》以及学生自己的写作体验，在交流讨论后，得出了动作描写应当使用多个动词、应该用合适的修饰语修饰动作、描写动作时过程顺序应合理、动作的力度幅度速度应有所变化、能够展现人物心理等结论。这种写作教学与传统教学截然不同，它不再是将写作过程与评价完全割裂，而是通过让学生参与建构自己的写作知识，起到"一举多得"的效果。

3. 评价与修改阶段，应用写作评价量表有利于提高学习效率

在学生自主使用评价量表前，教师应当先向学生简要介绍各个评价维度与指标的具体含义，统一认知。一方面，它可以使全班学生的评价标准更加统一，另一方面是能够进一步加深学生的理解，提升教学效果。课后，教师可以组织自评、互评和教师评价，利用评价量表对学生的写作情况进行诊断和反馈并提出指导。学生借助评价量表进行修改也更有针对性。借助评价量表，使得每一次的写作任务更加聚焦，也提高了学习效率。

（三）正确使用单元写作评价量表

教师应当依据学情以及学习目标设计好写作评价量表，设计的依据可以参考教材的写作单元所提供的支架、中考作文评分标准以及学情、学习目标等。

1. 结合教材单元写作的学习目标，明确评价维度

部编本初中语文教材的每个写作单元都有明确的学习目标，并且提供了一定的支架。以七年级上册第二单元的写作"学会记事"为例，教材中对记事提出了以下要求：①写清楚事情的起因、经过和结果，详略得当；②写出感情，要结合自己的亲身经历和真切感受；③能抓住感人的细节，锤炼语言。教师可根据这些要求，制定合适的评价维度。

2. 结合中考写作评分标准，补充评价维度

教材的部分写作单元的教学内容比较概括，譬如说"文从字顺"，这种要求过于笼统，而不少地区的中考试卷答案中的作文评分标准可以做有益补充，其间的维度主要涉及文章中心、文章结构、文章内容、文章语言、卷面书写等方面。设计写作评价量表时，可以适当借鉴这些维度，综合考量学生的写作水平。

文章内容维度应该紧扣文章中心，叙事则围绕主旨，议论则紧扣中心论点。文章结构上应当完整，段落之间衔接流畅、层次分明，各个层次之间具有逻辑性。文章语言维度则要求学生能做到表达准确、流畅、生动。卷面方面要求工整、书写汉字的大小、间距适中，减少不必要的涂改。

3. 依据学段及学习目标，对学生的写作水平加以描述

为了更直观地体现学生的写作水平，评价量表一般都会将写作水平高低划分出若干个层级或赋予一定的分值。其对于"评估标准"描述的复杂程度以及层级或分值的赋分，都应该根据学情和学习目标进行分配。一般而言，低年级的层级数量不宜过多，否则会给学生带来判断上的困难，低年级学生的赋分也可以用星标代替分数。不同维度的赋分权重应当与训练的重难点相匹配，越是需要重点训练的内容，就越是可以赋高分。

当然，在使用单元写作评价量表的过程中，可依据学生的反馈，持续进行改进。教师可重点关注以下几个方面：一是评价量表是否与自己的教学目标一致；二是评价量表是否能够真实客观地反映学生的写作能力；三是评价量表是否具备导向性，能够为学生修改作文提供支架；四是评价量表是否简单、可操作性强，不会给学生带来困扰。如果评价量表在这些方面存在问题，教师应及时进行改进和调整。

总之，初中语文写作教学中评价量表的设计与应用，应当有明确的学习目标，并在现有教材的基础上发挥教师的能动性进行开发。评价量表的使用可以贯穿写作教学的全过程，继而不断探索和完善，更好地发挥评价量表在促进学生写作能力提升中的积极作用。

江西师范大学附属中学　罗文华　刘恺昕

南昌市新建区第五中学　魏俊芸

实践篇

善于观察　勤于思考

——热爱写作　学会观察（七上第一单元）

本单元写作教学课例通过设置"班主任节"这一真实情境，让学生拥有真实的写作动机，利用真实任务驱动学生积极写作。在写作过程中，教师引导学生利用记录观察和细致观察这两大观察方法，积累写作素材，从而为"班主任节"这一情境写作任务提供内容主体。进而，学生在教师的引导下利用词语超市、真实情境拆解、修辞手法等方法来完成片段写作任务。

通过激发学生对写作的兴趣，鼓励他们表达自我，尝试多样化的写作形式，培养他们细致观察、记录观察和进行思考与联想的能力，这样可以帮助学生全面提升写作水平和综合素养。

学习目标

1. 通过真实的情境活动，学生能学会细致观察和记录观察，为写作积累素材。

2. 通过有趣的课堂活动，学生能体会到写作的作用和乐趣，从而热爱写作。

思维导图

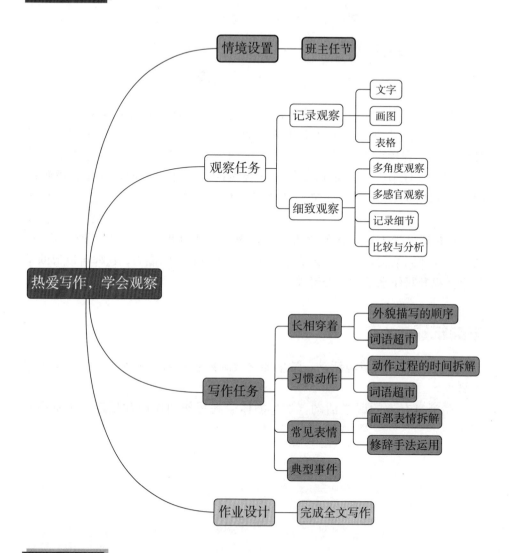

教学过程

一、"班主任节"的布置

1. 创设情境，范例展示

教师展示一篇范文，范文的内容是"班主任的风采传记"。班主任最好选取教师自己以前的初中班主任为写作对象，范文由教师自己写。范文要包括班主任的长相穿着、习惯动作、常见表情、典型事件等。写完后，教师给学生展示范文所描写的班主任的照片。

2. 设置情境，布置任务

以教师节为契机，开展"班主任节"系列活动。活动内容包括设计班主任形象海报、撰写班主任个人风采、录制班主任一日工作视频等。作文课的任务就是完成"班主任个人风采"的撰写。

二、"班主任节"的准备

（一）任务布置

1. 记录、观察十五天

教师提前布置作业，让学生每日观察自己的班主任，并做观察记录。教师要求学生准备观察记录本，格式采取日记的形式，每日的记录要写好时间。

2. 细致观察每一天

学生每日的观察要尽可能全面，不能只观察一个角度，或者观察的角度没有逻辑。教师要给学生一张每日细致观察记录表，引导学生多角度进行细致观察。

（二）知识清单

1. 记录观察

（1）定义

记录观察是指详细记录观察到的事物、现象和细节，并将这些信息整理成文字、图画或其他呈现形式，以便于后续的分析、思考和写作。

（2）方式

文字记录：用文字详细记录观察到的细节，如长相、穿着、行为、语言等。还可以记录自己的感受，如下文所示：

在度过一个完整的周末后同学们来到学校开始了一周的学习。和往常一样，在开完晨会之后，班主任李老师进行了晨评，他提醒同学们切忌高空抛物和要注意穿校服之后，还分享了一点儿自己的"悲惨经历"。

据当事人李老师叙述，他在某晚酣畅淋漓地打完球之后，就穿着运动短裤回家了。回家之后还不忘吃根冰棍平复一下方才打球激动的心情，结果不幸感冒了，以至于第二天上完课他还要去医院打点滴。李老师的亲身经历告诉我们，要想不感冒，保暖少不了。

今年的秋天虽然来得晚了些，但降温很快，希望大家可以在穿好校服的基础上做好保暖，拥有好身体，快乐地学习。

图画记录：通过简单的图画或草图记录观察到的事物，特别适用于形状和结构层次复杂的事物。例如画出人物的身材、表情等，如下图。

表格记录： 使用表格将观察到的不同方面进行分类和记录。通过表格将不同事物进行对比和分析，找出它们的异同点。如下表所示。

	周一	周二	周三	周四	周五
今日穿着					
今日事件					
今日表情					
今日动作细节					

2. 细致观察

（1）定义

细致观察是指通过仔细、全面地观察事物，从中捕捉细微的细节和变化。这种观察方式不仅仅是看见事物的表面特征，而是通过多角度、多感官地深入观察，发现事物的本质和特点。

（2）方法

多角度观察： 从不同的角度观察事物，获取全面的信息。例如观察一棵树，可以从正面、侧面、背面和顶部等不同角度进行观察。

多感官观察： 调动多种感官进行观察，获取丰富的感知信息。例如观察一杯茶，可以通过视觉看茶的颜色，通过嗅觉闻茶的香味，通过味觉品尝茶的味道。

记录细节： 将观察到的细节进行详细记录，可以使用文字、图画或照片等形式。例如观察一只鸟，可以使用文字、图画、视频等记录它的羽毛颜色、叫声、飞行姿态等细节。

比较与分析： 对比不同对象或同一对象在不同时间、不同环境下的变化，进行分析和总结。例如观察同一棵树在春夏秋冬四季的变化，总结出季节对树的影响。

三、"班主任风采"写作课

（一）前置工作：收集观察记录本，整理素材

收集全班学生的观察记录本，精选优秀的内容进行拍照收藏，然后分类整理，分成长相穿着、习惯动作、常见表情、典型事件等四种类型。整理完后，将观察记录本发回到学生手中。

（二）教学流程

1. 情境导入

以教师节为契机，大力开展"班主任节"活动，呼吁并号召全体学生了解班主任，理解班主任，爱戴班主任。本堂课主要完成该活动的其中一个环节：针对班主任的个人风采进行写作。

2. 任务切割

教师引导学生将班主任风采作文切割成四个部分，即班主任的长相穿着、班主任的习惯动作、班主任的常见表情和班主任的典型事件。

3. 整合材料

教师引导全班学生把观察记录本内的 15 天的记录内容进行整合，选出班主任最有代表性的着装搭配、最常见的习惯动作、最经典的表情和最能体现班主任性格的典型事件，整理上述材料后，再进行一次写作加工。

（1）素材一：班主任的长相和穿着

支架 1：外貌描写的顺序

展示课前写的有关班主任长相、穿着的片段，让学生指出这则素材的写作问题。

素材展示示例：

班主任是一位中年女性，她的鞋子通常是一双舒适的平底鞋或是小跟鞋，既方便在校园里走动，又不失优雅。她的眼睛明亮而有神，总是带着温和的微笑，让人感到亲切和安心。她的衣服颜色通常比较柔和，比如淡蓝色、米色或是深绿色，这些颜色既显得专业又不失女性的温柔。她有着一头乌黑的长发，通常会把它扎成一个整洁的马尾，给人一种干练的感觉。

明确：如上述素材所示，对班主任的外貌描写顺序是鞋子、眼睛、衣服、头发。这种顺序显得混乱。调整后的描写顺序应该是头发、眼睛、衣服、鞋子。如此从上到下进行描述，对班主任的外貌描写才算是有章法。因此，教师需引导学生指出这则素材的描写顺序问题，并教会学生用合理的顺序进行描写。

支架 2：词语超市

教师在大屏幕上给出和长相、穿着相关的若干词语。如下图所示。

长相特征	穿着风格	颜色描述	饰品描述	鞋子描述	发型描述
温文尔雅	整洁利落	素雅清新	精致小巧	高跟优雅	清爽利落
慈眉善目	朴素大方	沉稳内敛	简约低调	平底舒适	蓬松有型
端庄大方	时尚前卫	明亮活泼	低调典雅	休闲时尚	柔顺光泽
仪态万千	优雅得体	柔和温馨	优雅大方	皮鞋正式	波浪卷曲
容光焕发	简约时尚	经典黑白	闪亮夺目	运动轻便	齐肩短发
英姿飒爽	端庄典雅	低调奢华	经典永恒	凉鞋清爽	刘海可爱
神采奕奕	精致考究	清新脱俗	时尚潮流	靴子帅气	盘发端庄
眉清目秀	舒适合身	温暖如春	传统韵味	舒适合脚	马尾活泼
气宇轩昂	色彩协调	热情洋溢	现代感强	正式大方	短发干练
风度翩翩	款式新颖	冷静沉着	个性鲜明	时尚有型	长发飘逸

整合并写作：教师给全体学生 5 分钟时间整理相关素材，将其进行整合。

展示并点评：教师挑选学生的作品进行展示、点评。

（2）素材二：班主任的习惯动作

支架 1：动作过程的时间拆解

教师要引导学生将一个完整的动作进行时间上的拆解，还原成若干幅静态的画面进行描写，然后按照时间的顺序进行拼接。

展示课前写班主任习惯动作的片段让学生总结并模仿。

素材展示示例：

班主任在进行课堂导入时，他站在讲台前，双手自然下垂，目光扫过全班，然后缓缓抬起右手，掌心向上，仿佛在邀请学生们进入即将开始的知识之旅。

明确：如这则素材所示，班主任的动作可以拆解为"双手下垂、目光扫视、抬起右手、掌心向上"这四个步骤。教师需引导学生学会将动作进行拆解，以此将一个动作行为分解成不同的步骤。

支架 2：词语超市

教师在大屏幕上给出和习惯动作相关的若干词语，如下。

指点江山	挥斥方遒	拍案叫绝	点头称赞	摇头晃脑	举手投足
挥舞手臂	轻拍肩膀	轻敲黑板	指指点点	挥笔如飞	翻书如风
轻抚眼镜	轻敲桌面	轻声细语	轻咳示意	轻拍手背	轻推眼镜
轻敲粉笔	轻点鼠标				

整合并写作：教师给全体学生 5 分钟时间整理相关素材，将其进行整合。

展示并点评：教师挑选学生的作品进行展示、点评。

（3）素材三：班主任的常见表情

支架1：面部表情的拆解

教师将展示课前写班主任面部表情的片段，让学生总结并模仿。

素材展示示例：

当学生们在课堂上积极举手发言时，她的表情立刻变得柔和。她的眼睛闪烁着赞许的光芒。嘴角上扬，形成一个温暖的微笑，好像在无声地告诉学生们："你们的想法很有价值，我很欣赏你们的参与。"

如这则素材所示，班主任的面部表情可以拆解为"眼睛、嘴角"两个部分。教师需引导学生学会将表情进行拆解，以此将一个面部表情分解成不同的面部器官进行呈现。

支架2：修辞手法的运用

教师将展示课前收集的写班主任的面部表情片段，让学生总结并模仿。

素材展示示例：

她的表情就像魔术师的帽子，总能变出意想不到的惊喜，让整个教室充满了轻松愉快的氛围。学生们的笑声就是对她最好的回应。

如这则素材所示，班主任的面部表情可以通过作者的想象，加入修辞手法进行润色，如此使句子更加生动形象。教师需引导学生学会有意识地使用修辞手法，以此将一个面部表情刻画得更加精彩。

修辞句超市：

①比喻。她的笑容如同春日里温暖的阳光，照亮了整个教室，让每个学生的心田都沐浴在和煦的光辉中。当她的眉头紧锁时，那预示着一场知识的风暴即将来临，学生们便知道，必须集中精神，迎接挑战。

②拟人。她的眼睛会说话，当它们闪烁着赞许的光芒时，仿佛在轻声细语："你做得很好。"而当她的眼神变得锐利时，它们就像警觉的猎鹰，捕捉着每一个不专心的瞬间，提醒着学生们保持专注。

③夸张。当她讲解复杂的科学原理时，她的表情仿佛是精心绘制的地图，引导学生们穿越迷雾，发现宝藏。

④排比。她的笑容是鼓励，她的眼神是期待，她的点头是认可，每一种表情都是她教学语言的一部分，共同编织成一首激励学生前进的交响乐。

⑤对比。在学生们取得成功时，她的笑容如同盛开的花朵，灿烂而明媚；而在学生们遇到挫折时，她的眼神则如同湖水，平静而深邃，给予学生们无尽

的安慰和力量。

⑥反复。在课堂上，她总是重复着那几个标志性的表情：鼓励的微笑，期待的目光，点头认可。这些表情如同课堂上的节拍器，引导着学生们的节奏，让学习变得有序而富有节律。

⑦设问。她的眼神中充满了什么？是对学生未来的无限憧憬，还是对知识传递的深沉热爱？她的笑容背后隐藏着什么？是对学生们成长的骄傲，还是对教学事业的无尽热忱？

⑧引用。"桃李不言，下自成蹊。"班主任的表情，就像那默默无言的桃李，无需多言，她的每一个表情都深深地印在了学生们的心中，成为他们成长道路上的指引和激励。

整合并写作：教师给全体学生 5 分钟时间整理相关素材，将其进行整合。

展示并点评：教师挑选学生的作品进行展示、点评。

（4）素材四：班主任的典型事件

新任务布置：教师将课前整理的全班学生的观察记录本中的典型事件进行罗列，然后发动全班学生对典型事件进行投票，投出学生心目中最能体现班主任风采的一件事，然后让全班学生围绕这件事进行写作。写作过程中，可以用上前三段素材。给学生 20 分钟时间完成。

四、作业设计

（一）作业布置

整合所有素材，设计合理结构框架，写成一篇完整的"班主任风采"作文。题目自拟。

（二）评价及修改

1. 对照评价量表

评价项目	自　评	他　评
①外貌描写的有序性	☆☆☆☆☆	☆☆☆☆☆
②运用多种修辞手法	☆☆☆☆☆	☆☆☆☆☆
③作文整体的流畅度	☆☆☆☆☆	☆☆☆☆☆
④班主任的形象塑造的完整度	☆☆☆☆☆	☆☆☆☆☆
⑤写作完成后收获的快乐或成就感	☆☆☆☆☆	☆☆☆☆☆

说明：对照评价量表，要求学生学会有序地进行外貌描写，适当使用修辞手法，塑造完整的人物形象，发现其中的乐趣，逐渐激发学生对写作的热爱。

2. 示例点评

我们的班主任

在我们班级里，有一位深受大家喜爱的班主任，她不仅是我们的老师，更像是我们的朋友。她的长相穿着、习惯动作、常见表情以及一些典型事件都深深地印在我们的心中。

我们的班主任李老师有着一张和蔼可亲的脸庞，笑起来时眼角会露出几条细细的皱纹，显得特别温暖。她的头发总是梳得整整齐齐，黑亮的发丝在阳光下闪闪发光。李老师的穿着总是简洁大方，常常穿着一件淡蓝色的衬衫和一条黑色的裤子，显得干净利落。她喜欢穿一双舒适的平底鞋，这样在教室里走动时显得轻盈自如。

李老师有一些独特的习惯动作，这些动作总是让我们感到亲切和安心。她在讲课时喜欢用手指轻轻敲打讲台，以此来吸引大家的注意力。每当我们遇到困难时，她总会俯下身子，用温柔的目光注视着我们，轻声细语地给予指导。她还有一个习惯，就是在批改作业时，总喜欢用红色的圆珠笔，写下鼓励的话语和微笑的表情符号。

李老师的表情丰富，但最常见的还是她那温暖的笑容。无论是上课时，还是课间休息，她总是带着微笑，给我们带来无尽的温暖和力量。每当我们表现出色时，她的眼睛会闪烁着欣慰的光芒，嘴角微微上扬，露出赞许的笑容。而当我们犯错误时，她的表情会变得严肃，但眼神中仍然透着关爱和期望。

有一次，我们班参加学校的合唱比赛，准备时间非常紧张，大家都有些焦虑不安。李老师每天放学后都陪着我们排练，耐心地纠正每一个音符和动作。她不仅是我们的指挥，还像一位无私奉献的幕后英雄。比赛当天，我们在台上表现得非常出色，最终获得第一名。当我们捧着奖杯回到教室时，李老师的眼睛里闪烁着泪光，她激动地说："这是你们努力的结果，我为你们感到骄傲！"

还有一次，班里的一位同学因为家庭变故情绪低落，李老师发现后，主动与他谈心，给予他关怀和鼓励。她还组织了全班同学一起为这位同学送上温暖的祝福和帮助，让他重新找回了自信和快乐。

李老师不仅在学业上给予我们指导，更在生活中关心我们，像一位慈爱的母亲。她的长相穿着、习惯动作、常见表情以及那些典型事件，都让我们深深感受到她的温暖和关爱。她不仅是我们的班主任，更是我们心中的榜样和朋友。我们为有这样一位优秀的班主任而感到无比幸运和自豪。

〔点评〕

本文的结构非常清晰，按照李老师的外貌、习惯动作、常见表情以及典型事件等几个方面进行描述，层次分明，逻辑性强。作者通过细腻的描写，生动地展现了李老师的形象。作文中流露出的对李老师的感激和敬爱之情非常真挚，情感表达得非常到位，令人感动。文章的语言流畅自然，表达清晰，句子结构多样化，读起来非常顺畅。

南昌凤凰城上海外国语学校　李江涛　苟　雯

记叙清晰　详略得当
——学会记事（七上第二单元）

　　本单元表达训练要素是"学会记事"。"记事"的基本要求是写清楚事情，一般要写出事情的起因、经过和结果。事情的经过是记叙的主要内容，要重点写，写详细。要把一件事写清楚，动笔之前要先理清事情的来龙去脉，再按照一定的顺序有条理地写下来。

　　本单元写作教学课例通过跟古人学记事、向课本学记事、改病文学记事三个活动，明确记事要素，归纳记事技法，学会修改病文。学习本课后，学生能真正学会记事，做到记叙清晰，详略得当。

学习目标

　　1. 跟古人学记事，明确记事的要素。
　　2. 向课本学记事，归纳记事的技法。
　　3. 改病文学记事，提升学生的写作素养。

思维导图

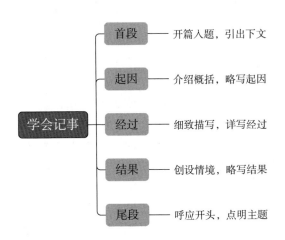

首段 —— 开篇入题，引出下文

起因 —— 介绍概括，略写起因

学会记事　　经过 —— 细致描写，详写经过

结果 —— 创设情境，略写结果

尾段 —— 呼应开头，点明主题

教学过程

一、导入环节

师：在文字产生之前，一些远古部落会安排专人、按照一定规则、使用不同粗细的绳子，结上不同距离、大小的结，将本部落风俗传统、故事传说及重大事件记录并流传下来，这叫结绳记事。从结绳记事到文字记事，人类记事的历史就是一部人类成长的历史，不仅能储存记忆、留住精彩，还能传承文明，弘扬文化。

那么，在当下丰富多彩的生活中，时常会发生一些值得回味、值得保存、值得记忆的事情，该如何把这些事叙述得条理清晰、有声有色呢？今天这节课，就来"学会记事"。

（屏显）

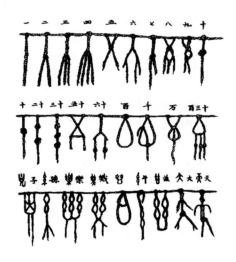

二、明确概念

"记事"的基本要求是写清楚事情，即写出事情的起因、经过和结果。事情的经过是记叙的主要内容，要重点写，写详细些。要把一件事写清楚，动笔之前要先想清楚，明确记事的六要素（时间、地点、人物、起因、经过、结果），理清事情的来龙去脉，再按照一定的顺序有条理地写下来。

三、训练过程

叙述好一件简单的事，是一项基本功，更是学写美文的基础。学会记事，要先从写一件事开始。那么，如何才能写好一件事呢？

（一）观看视频，启发思路

请学生观看蜘蛛结网短视频 10 秒，说说蜘蛛结网与记事有哪些共性？

蜘蛛结网：为了捕食、定"网心"、形成辐射状支架、铺设螺旋捕食螺线……

共性：有明确的目标意图、条理性强、结构明晰、注意细节、创造性强……

（二）名作回顾，分析技法

回顾七年级上册第 5 课《秋天的怀念》、第 6 课《散步》及第 7 课《荷叶·母亲》，类比蜘蛛结网的过程，分析记事技法。

蜘蛛结网	名作回顾	记事技法
有明确的目标意图 条理性强	《散步》通过一次简单的家庭散步事件，展现出中年人对生命的责任感和使命感以及对家庭成员之间的浓厚亲情	方向明：定内容，定"中心" 要素全：时间、地点、人物、起因、经过、结果
结构明晰	《秋天的怀念》中选取了几个重要的生活片段，编织出一张感人至深的亲情之网	结构巧妙 详略得当
注意细节 创造性强	《荷叶·母亲》通过对雨中红莲的细节描写，怜惜之情油然而生	细节描写动人 选材新颖独特 语言饱含情感

此外，类比蜘蛛结网有锲而不舍地执着精神，记事也得笔耕不辍，长久练习才能写出好文章。

（三）实战演练，病文修改

结合记事技法，修改病文《桃花源漂流中的那一课》并做标注。

病文：

桃花源漂流中的那一课

①在我的心中有许多的那一课，让我印象最深的就是桃花源漂流了。

②在我 12 岁时，爸爸带我一起去了桃花源，他说："那里非常好玩。"我小小的好奇心被爸爸的这一句话给迷住了。一路上我都非常开心，非常好奇。

③太阳慢慢地升起来，我们离桃花源越来越近了。

④到了桃花源，我心里害怕起来。我看了看桃花源，它太高了，想着还要从山上漂流下来，还要从一米多高的小坡冲下来，感觉实在是太恐怖了。于是，我对爸爸说："我可以不去吗？这实在是太恐怖了。"爸爸慈祥地对我说：

"不要怕，要勇敢地去挑战它。"

⑤我们一起去桃花源排队口排队，眼看下一个就是我们了，我的心就突然紧张起来了。到了山顶，我们又开始排队了，而且队伍非常长，我非常高兴，还希望更长一点儿。可是不论怎么样还是轮到了我们。

⑥我们坐着汽艇。汽艇慢慢地开始动了，我的心也开始跳动了。眼看第一个小坡就要来了，我闭上了双眼，等着"死神"的到来。"轰"的一声，我们从小山坡冲了下去。又一声轰响，水花飞了起来，泼在我的脸上。我想这一定是"死神"对我用的一招，这一招可把我吓得不轻。爸爸说："下面还有许多这样的小坡呢。你一定要坚强啊！"我望了望远方，那些人玩得多么开心。第二个小坡也将要来了，我勇敢地说："我要睁开眼睛。"可是"死神"使出了他的大招，这个小坡有两米多高，我还是闭上了眼睛。爸爸对我说："小坡没有那么吓人的。"在爸爸的话鼓励下，我努力克服了这个困难。

⑦在这一次漂流中，我知道了漂流并不可怕，关键的是要克服自己心里的恐惧，所以我们要坚强，要勇敢。

1. 主要问题：

①前4段铺垫过长，未具体写出漂流的经过。

②语言表达过于口语化。

③缺少对悬崖、水流落差等环境的描写以及人物的心理描写。

④尾段立意浅，未写出漂流带来的深刻意义。

2. 针对病文的主要问题进行修改。

①删减、整合起因。

②详写经过，要求完整、生动。

③添加环境描写及心理描写。

④叙议结合，写明漂流意义，升华文章主题。

小结：写清楚是记事的基本要求，要交代清楚事情发生的时间、地点、涉及的人物以及事情的起因、经过和结果，即记事的六要素。

（四）写作训练，归纳技法

1. 对照评价量表

评价项目	自 评	他 评
①首段：开篇入题，引出下文	☆☆☆☆☆	☆☆☆☆☆
②略写：概括介绍，事件起因	☆☆☆☆☆	☆☆☆☆☆
③详写：细致描写，事件经过	☆☆☆☆☆	☆☆☆☆☆
④略写：创设情境，事件结果	☆☆☆☆☆	☆☆☆☆☆
⑤尾段：呼应开头，点明主题	☆☆☆☆☆	☆☆☆☆☆

小结："围绕中心，安排详略"是写好一件事的重中之重。因此，在写一件事情时，要根据中心需要，突出重点，有详有略地组织材料，才能把一件事叙述清楚。

2. 示例点评

升格文：

桃花源漂流中的那一课

生活好似一幅流光溢彩的画卷，五彩斑斓。生活的画卷中，有许多景象令我久久难以忘怀，可最令我难忘的，还是那一堂在漂流中学会的一课。

那年，我12岁。爸爸带我一起去桃花源漂流。我们来到桃花源漂流区。河水清澈如明镜，水流欢快地向下奔腾，岩石被冲刷得格外光洁，两旁种满绿树，在阳光的照耀下构成了一条汹涌澎湃、清澄明亮的漂流河道。

我们穿上了救生衣，戴上了安全帽，漂流正式开始。此时我的心里就像有"十五个吊桶在打水"，七上八下，忐忑不安。爸爸看出了我的惧色，安慰道："孩子，别怕，系好安全带，闭上眼睛感受刺激，不会有问题的。"我半信半疑地点点头。我们面对面坐在艇上，马上迎来了第一个小落差。此时的水还是比较平缓，没有"惊涛骇浪"。没过几秒，水流开始湍急，速度开始加快，我们也开始尖叫了起来。

落差接连不断，爸爸向前俯冲，我在向后飞驰，我的尖叫声不断提高，分贝越来越大。我看到前面指示牌写着"前方落差大"的字眼，焦急地冲爸爸大喊："爸爸，我要停下，我害怕""别怕，孩子，你尝试一下，不会有危险的，爸爸保护你！"还没来得及回应，我向后冲了下去。这段河道水流湍急，滑行速度风驰电掣，漂流艇剧烈地左右摇晃，水流正排山倒海地咆哮着！犹如一匹匹骏马疾驰而来。激流与岩石的撞击，弹起万丈晶莹剔透的水花，犹如驾着快艇，在波浪中勇闯！我克服了巨大的恐惧才漂过了这个大落差，悬着的心终于平安着地了。

漂流艇冲到了一块小平台上，这时风平浪静，终于可以放松一下。山泉清澈冰凉，树木苍翠欲滴，还有些零零星星的花草……我正感受着大自然的舒适、欣赏着美好时，不知不觉又来了一个落差。这个落差水流较急，中途飞驰通过桥洞，桥洞较低，感觉会撞上去，让我们胆战心惊。我谨记爸爸的话："孩子，别怕，勇敢去尝试，困难不是你想象的那样难以克服！"我战战兢兢，如履薄冰，终于又顺利地漂过了一个落差。

漂流艇漂到了一块大平台上，在碧波中徐徐飘荡。我的耳边流淌着流水潺潺的声音，映入眼帘的是翠色欲滴的树木和波光粼粼的湖面，远处似乎水天相接，形成一个美丽的弧度。在这美好的境界里，我的心灵仿佛都被洗涤了，被深深地陶醉了……

　　这便是我在漂流中学会的一课：不去尝试，真的不知道自己有多勇敢。一路上，我们都体验了漂流中的颠簸，最终达到终点。人生当中有许许多多的第一次，一定要敢于去尝试，把每一次的挑战自我当作一门功课，刻录属于自己的成长足迹。

　　〔点评〕

　　本文略写了漂流前的介绍，详写漂流的经过，突出了爸爸对"我"的教育、引导，巧妙穿插了环境和心理描写，文章立意更加深刻。

　　（五）写作训练，强化技法

　　请以"＿＿＿＿那一课"为题，有详有略地组织材料，写一篇不少于 600 字的叙事作文。

南昌二十八中教育集团江铃学校　张　晶

去除"旁枝" 凸显"主干"

——如何突出中心（七上第三单元）

部编本语文教材七上第三单元选取了一组和学习生活相关的文章。《往事依依》中作者以自己的语文学习生活为线索，按照时间顺序忆往昔、表真情。《再塑生命的人》中作者选取了几件有代表性的事件，赞颂了恩师莎莉文老师。本单元选取的课文材料典型，中心突出。

本单元写作教学课例以单元写作中的话题"书包"为切入点，以中学生回忆往事——写作表达——修改投稿为情境任务，贴近学生生活，充分激发学生的写作兴趣。学习本课后，学生能够联系生活筛选有代表性的材料，掌握并运用相关技巧，写出中心突出、情感真挚的文章。

学习目标

1. 明白什么是文章中心，以及中心对一篇文章的重要性。
2. 回顾课文，掌握突出中心的常用技法。
3. 能学以致用，写出中心突出的文章。

思维导图

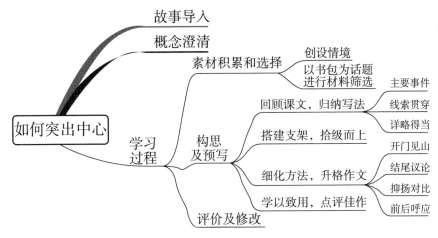

教学过程

一、情境导入

一篇好的文章最基本的要求便是中心要突出。何谓中心呢？为了帮助学生更直观地初步理解中心的概念和作用，可以通过以下的故事来引导学生。

古时候有个读书人，走了三百里路，去向一位大师请教写文章的诀窍。这位大师看了他的文章，把他带到树林里，指着一个蜘蛛网说："你不要请教我，你去请教它吧.'那个书生对着蛛网看了三天，终于悟出了其中的道理，从此作文大有长进，并且考场得意，中举成名。事后有人问他原因。他说："大师在告诉我，天下找不到一个没有中心的蜘蛛网。蜘蛛织网是先有网的中心，再一圈一圈地围绕中心编织的。"

引导学生根据这个故事阐述中心是什么，并顺势引出文章中心思想的概念。

二、明确概念

中心思想，简称"中心"，是文章中传达出来的基本观点、态度、情感和意图，也就是作者写作文章的主旨所在。每篇文章都要有一个相对集中而明确的中心。有了中心，写文章也就有了主心骨；没有中心，文章就会像一盘散沙，让人不知所云。

每一篇文章都应该有一个相对集中而明确的中心，这是作文的基本要求。

三、训练过程

（一）回顾课文，归纳写法

回顾课文《猫》，让学生想一想，作者郑振铎围绕三只猫，写了哪些事情？和文章的中心有何联系？并完成下列表格。

	事　件	情感变化 （深/浅）	详略安排
第一只猫			
第二只猫			
第三只猫			

明确：作者围绕自己养猫的经历分别叙述了三只猫的不同命运，但最让作者感到难以忘怀并引发深思的是第三只猫的遭遇。作者用较为详细的笔墨讲述

了第三只猫的遭遇并寄寓了更深层次和复杂的情感，从而更好地突出了文章的中心。

突出中心的写法归纳如下：

①通过主要事件来表达，选择相关材料，舍弃无关内容，合理剪裁和加工，安排先后次序。

②可以设置一条贯穿全文的线索。

③安排好内容的主次和详略。详写突出中心的内容，细致描述；略写与中心相聚甚远的或不太典型的内容。

（二）写作闯关，能力提升

闯关一：联系生活，选择素材

书包是我们生活中常见的物品，却蕴含着不同的情思和故事。如果以"书包"为话题作文，有哪些中心角度？可选择哪些相应的事件？请学生完成下列表格。

确定的中心	选材的角度	贯穿的线索	提　　示
我的书包			书包的外观设计，主要功能，内部构造和特色
我和书包			书包和主人的关系（比如是谁送给你的？你们之间有怎样的故事）
我是书包			发挥想象，以书包的口吻向主人倾诉想要说的话

闯关二：分析例文，归纳技巧

请分析下文是如何突出中心的？（提示：可重点关注黑体字）

姐姐送我的书包

小时候，虽然生活很艰苦，但我觉得日子是甜的。因为我有一个爱我的姐姐。

母亲一直崇尚"东西能用就行"，我从小便没有选择书包的权利。我是男儿性格，不像别的女生，我更喜欢类似变形金刚、奥特曼这些看起来很帅气的玩具，对于有这些人物图案的书包更是心心念念。姐姐喜欢芭比公主、灰姑娘之类的在我眼里丑陋无比的玩物。**但是姐姐总是会想方设法帮我搜集那些男孩子气的东西。**

从小到大，我穿的衣服、用的文具，都是姐姐用旧的。按照妈妈的原则，姐姐用过的书包给我用，而姐姐又能拥有一个她更喜欢的书包，这样的接力周而复始。那天是姐姐上三年级的前一天，我们一家去义乌市场挑选她的新书包，而我将要用那只旧的讨厌的粉红色的迪士尼公主书包。在逛市场时，我看见了深蓝色印着变形金刚的书包。我央求母亲："妈妈，给我买这个书包吧！就一次！以后我都用姐姐的。"母亲犹豫了一下，转头问售货员："这个书包多少钱？""280元。""太贵了，还要给你姐姐买新书包呢！"姐姐没说话。我当时都快哭出来了，"我去上厕所！"我赌气似的喊了句。姐姐看了看那个书包，"妈妈，我要这个书包！"姐姐提要求。"真的？你确定？"母亲对姐姐要这个书包的决定很吃惊。

"就要这个！"母亲把那个书包买了下来。

"喏，给你！"姐姐把那个蓝色的书包递给我。"真的吗？"我很吃惊。"你不要多想啊！我只是没找到心仪的书包而已，还是以前的好看！"姐姐把头转向一边。"谢谢姐姐！"我上前拥抱了一下姐姐。姐姐也用力地把我拥住，然后拍了拍我的肩膀，仿佛在安慰我。

那一年很特殊。那天我幼儿园大班开学，姐姐三年级开学，爸爸送我，妈妈送姐姐。我背的是新的变形金刚书包，而姐姐背的则是那个旧的我不再反感的公主书包，因为那里藏着秘密。

明确：

①本文的中心是通过书包这个载体表现出姐姐对我的爱，文章以书包为明线，以姐姐对我的爱为暗线贯穿整篇文章，中心突出。

②选材明确，围绕书包话题展开。

③详写了母亲带我们买书包，而姐姐将她的新书包送给我的事情，聚焦中心。

闯关三：技法应用，升格作文

小组讨论，教师归纳：你还能运用哪些技巧使上文的主题更加鲜明？

屏显：

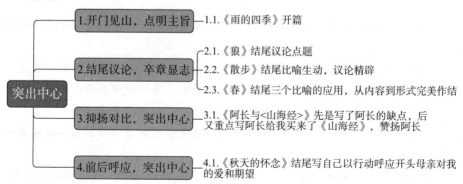

（三）学以致用，点评佳作

请根据下文的评价量表，对上文进行评判。

1. 对照评价量表

能力目标	自　评	他　评
依据中心选材	☆☆☆☆☆	☆☆☆☆☆
对素材进行详略安排	☆☆☆☆☆	☆☆☆☆☆
有贯穿全文的线索	☆☆☆☆☆	☆☆☆☆☆
能运用多种技巧突出中心	☆☆☆☆☆	☆☆☆☆☆

说明："如何突出中心"要求我们写作时要合理选材、安排详略，并选择能够突出中心的线索，运用多种技巧更加鲜明地突出中心。

2. 示例点评

爱的秘密

爱，有时会披着隐身衣。

——题记

亲情，如一杯浓香的牛奶，捧在手上，可以驱散笼在心头的雾霾。记忆里，姐姐似乎不太喜欢我，我对姐姐亦如此。你瞧，她待人温和有礼、淑女风范，对我却是"横眉冷眼"各种刁难。

母亲一直崇尚"节俭"，姐姐更是将母亲的节约精神发挥到了极致。"喏，这件衣服，你拿去穿吧！""这个铅笔盒还可以用，便宜你啦！""这个——这个——""我不要，说了我不要，你为什么不听呢？我不需要！"这样的战争终于在一次购买书包时彻底爆发。我留下一脸愕然的姐姐和母亲，独自跑回了家。

回到家，我便号啕大哭。为什么我一定要用姐姐用旧的东西？为什么明知道我不喜欢芭比、灰姑娘，她们却总是堆在我的床头？我喜欢的变形金刚、奥特曼却从来没有出现过。为什么你们一直这样对我，难道因为我比姐姐生得晚，所以"节俭"这个原则就要在我身上贯彻吗？姐姐的旧书包成了我挥之不去的噩梦，越想越委屈，泪水像决堤的洪水，打湿了枕头，最后，我在抽泣中进入了梦乡。

睡梦中，都是妈妈每次给姐姐买新书包的情景。"妈妈，我要这个书包！""好，妈妈给你买。"姐姐的娇嗔，妈妈温柔的笑脸，都深深刺痛了我。"妈妈，我想买这个蓝色的书包！""买什么买，用姐姐的就好了！""我不喜欢。""走吧。"妈妈领着姐姐走在前面，我委屈地跟在后面。

睡梦中惊醒，一抹脸全是委屈的泪水。我准备起身，却见床头放着一个崭新的蓝色书包。"这——"这时，姐姐进来，我惊讶极了。"你不要多想啊！我只是没找到心仪的而已，还是以前的好看！"我上前一把抱住了姐姐，"谢谢姐姐！"姐姐别扭地把头歪向一边。

这次，我和姐姐聊了很多，才发现姐姐一直是爱我的。爱，真调皮，有时也会穿着隐形衣，那就慢慢用心体会吧！

〔点评〕

文章标题点明主旨，设置悬念。开头用题记，直接点题，突出中心，说出了"爱会隐身"的秘密。文章运用了多种技巧，比如用比喻点出亲情的作用是驱散心头的"雾霾"，为后面集中突出矛盾作铺垫，为矛盾升级埋下伏笔。中间进行铺垫、渲染，交代母亲的"节俭"，用小事表现母亲的爱"不公平"，"姐姐的东西"成了"我"心里的禁忌，不愿意被触碰。矛盾集中爆发在一次购物时。最后文末点题，写出了爱有时候会隐藏起来，会穿着隐形衣，希望大家从生活中发现隐藏的爱，用心体会，感受到爱其实在身边。

南昌市红谷滩区碟子湖学校　王芳婷

瞄准中心 言而有序

——思路要清晰（七上第四单元）

部编本语文教材七年级上册第四单元的《纪念白求恩》《回忆我的母亲》两篇课文，从不同的方面诠释了人生的意义和价值，材料丰富，条理清晰。如《回忆我的母亲》记叙了母亲勤劳的一生，用时间线索贯穿全文，即使文章内容多、时间跨度大，依旧条理清晰。

本单元写作教学课例以化身校刊杂志《青春修炼手册》小编辑为情境任务，引导学生向课文学写作，归纳出"思路清晰"的写作技法。通过修改例文、掌握方法，列出提纲、讨论修改，例文赏析、学以致用三个任务活动，修改思路混乱的文章，用清晰的思路记录难忘的青春故事。学习本课后，学生能够先列提纲，理清思路，再写出中心明确、条理清晰的优秀作文。

学习目标

1. 根据要表达的中心取舍材料，并对文章做整体构思。
2. 学会拟写提纲，体会列提纲的好处。
3. 在写作实践中做到中心突出，言而有序，思路清晰。

思维导图

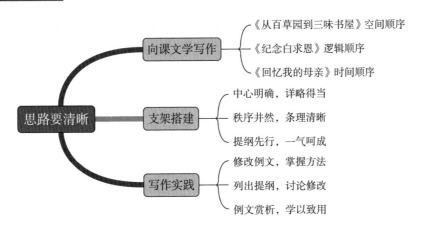

教学过程

一、情境导入

如果把一篇文章比作一次奇妙的旅程，那么清晰的思路就如同旅程中准确无误的路线图。它能为读者指引前进的方向，让读者能够有条不紊地跟随作者的脚步，领略沿途的风景，抵达旅程的终点。那么，如何用清晰的思路为读者打造一场精彩的文字之旅呢？

今天这节课，学生将化身校刊杂志《青春修炼手册》的小编辑，在学习归纳、修改例文、实践演练的活动中，修改思路混乱的文章，用清晰的思路记录难忘的青春故事。

二、明确概念

思路，是个比喻的说法，把一番话、一篇文章比作思想走过的一条路。思想从什么地方出发，怎样一步一步往前走，最后到达这条路的终点，都要踏踏实实的摸清楚，这就是注意思路的开展。

——叶圣陶

明确：本单元作文学习任务——思路要清晰，指的是在思考或表达的过程中，要具有明确的逻辑顺序。在写作中，思路清晰意味着明确文章的主题和目的，合理安排内容的先后顺序，使各个段落之间过渡自然，观点的呈现循序渐进。无论是阐述观点、叙述故事还是说明事物，都能以一种易于理解的方式展开，让读者能够轻松跟上作者的思维轨迹，准确把握核心内容。

三、训练过程

（一）研读范文，学习技法

语文教材上的经典课文大多思路清晰，言之有序，是学习写作知识的良好范例。回顾本单元所学课文，向课文学写作，以理清文章的写作思路。

1. 浏览、默读《从百草园到三味书屋》，围绕"我的乐园"这一中心，明确作者选择了哪些材料。

从百草园到三味书屋	
中心	我的乐园
材料	迷人的景物
	神秘的故事
	充满童趣的雪地捕鸟

明确：鲁迅先生围绕百草园是"我的乐园"这一中心，分别从迷人景物、神秘故事、捕鸟趣事等多个角度，精心选择、组织材料，叙述思路清晰。可见，写文章要做到思路清晰，首先要明确文章中心，然后围绕中心，精心选材，整体构思。

2. 围绕中心选择好写作的材料后，还需要按一定的写作顺序组织材料。下图即是用思维导图的形式对《纪念白求恩》和《回忆我的母亲》的写作思路进行了梳理。

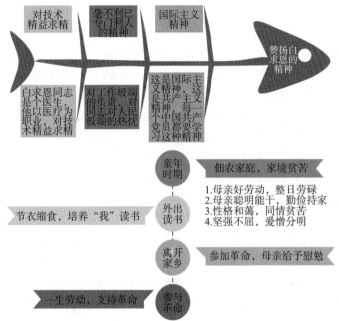

明确：《纪念白求恩》一文，围绕"纪念"这一文章中心，分析了白求恩同志的国际主义精神，对同志、对工作的无私奉献精神，再到对技术精益求精的态度，采用的是价值意义从大到小的逻辑顺序组织文字。

《回忆我的母亲》的第2至第13自然段是文章的主体部分，以时间为线索，翔实而又有重点地记叙了母亲勤劳的一生。用时间线索贯穿全文。该文虽内容多、时间跨度大，但条理清晰，重点突出了母亲一生勤劳，忠于革命忠于党，表达了对母亲嘉德懿行的至诚礼赞。

3. "思路要清晰"方法归纳小结。

（1）瞄准中心：中心明确，材料取舍详略得当。

（2）言而有序：层次分明，叙述清晰，恰当使用了时间顺序、空间顺序、逻辑顺序。

（二）写作闯关，能力提升

闯关一：争当编辑，修改例文

1. 化身小编辑。结合"思路要清晰"的写作技法，指出病文《我的偶像是一个勤奋的人》思路混乱之处。

病文：

我的偶像是一个勤奋的人

偶像是我们人生中不可少的角色，我的偶像是我的好朋友杨同学。

我的好朋友叫杨同学，他的性格很开朗。下课他喜欢和同学聊天，和大家玩游戏，他有很多朋友。

早上，我们来学校，我每一次看见老师或同学都会躲开。因为我的性格很胆小，可我每一次和杨同学在一起的时候就不会躲，而是跟着他与老师、同学们说话聊天。当有同学叫我帮忙搬东西时，我会说不。可杨同学就会去主动帮助。他说："帮助他人使我快乐。"

学习上，他很勤奋。他会把不会的语词和英语单词写在一个本子上，下课后询问老师或同学。在家里，他写作业很认真，不管作业有多少，他都会认认真真书写每一个字。写完课内作业，他还会多写一份课外作业。在学校，他上课非常认真，老师写在黑板上的每一个字都会记在笔记本上。

这就是我的偶像，你喜欢他吗？

主要问题：

①标题关键词是"勤奋"，但是作文中有大量篇幅写人物的性格开朗。

②叙述杨同学学习勤奋的段落，内容分别是"下课后问问题""在家里认真写作业"和"上课认真听讲"，空间顺序和时间顺序混乱、不清晰。

2. 修改病文。删除与中心无关的材料，思路混乱的材料用序号重新排序，可以直接在病文上用符号修改。

屏显：

我的偶像是一个勤奋的人

删除

偶像是我们人生中不可少的角色，我的偶像是我的好朋友杨同学。

> 我的好朋友叫杨同学，他的性格比较开朗。下课他喜欢和同学聊天，和大家玩游戏，他有很多朋友。

> 早上，我们来学校，我每一次看见老师或同学都会躲开。因为我的性格很胆小，可我每一次和杨同学在一起的时候就不会躲，而是跟着他与老师、同学们说话聊天。当有同学叫我帮忙搬东西时，我会说不。可杨同学就会去主动帮助。他说："帮助他人使我快乐。"

学习上，他很勤奋。他会把不会的语词和英语单词写在一个本子上，下课后询②问老师或同学。在家里③他写作业很认真，不管作业有多少，他都会认认真真书写每一个字。写完课内作业，他还会多写一份课外作业。在学校，他上课非常认真，老师写在黑板上的每一个字都会记在笔记本上。①

这就是我的偶像，你喜欢他吗？

明确：第二和第三自然段写杨同学性格开朗，和主题"勤奋"无关，直接删除。第四自然段调整内容顺序，先写在学校认真听课，再写下课后询问师生问题，最后写在家里认真写作业，按照从课上到课下的时间顺序、从学校到家里的空间顺序叙述。

闯关二：思路清晰，实践演练

青春生命历程中，印象深刻的人和事值得用文字铭记于心。请以《_____二三事》为例，写一篇记人的文章，做到思路清晰。

1. 头脑风暴，列出三个自己想写的人，明确人物的形象特点。

①人物_____　　形象特点_____

②人物_____　　形象特点_____

③人物_____　　形象特点_____

2. 选择自己最想写的人，围绕其形象特点，举出相应的事例，填写构思图表。（提示：中间○写人物名称，四周○写人物形象（性格），□写相关事例）

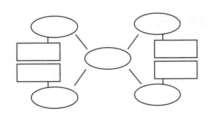

3. 确定事件的顺序及详略，列出文章的提纲，凸显该人物让你铭记的原因（写作中心）。

题目：			
中心：			
时间：	地点：		人物：
段落	内容要点		写作顺序
开头			
中间	事件一： 事件二： 事件三：		
结尾			

示例：

题目：回忆我的母亲		
中心：赞美母亲一生不曾脱离过劳动，表达对母亲的怀念和感激之情。		
时间：母亲的一生	地点：家乡	人物：母亲、我
段落	内容要点	写作顺序
开头	痛悼母亲，引出回忆	时间顺序
中间	事件一：勤劳的母亲好劳动，整日劳碌，聪明能干，勤俭节约，同情贫苦，爱憎分明等。（详写） 事件二：支持"我"读书。 事件三：支持"我"参与革命。	
结尾	感恩母亲对"我"的教育和影响	

明确：列出提纲，有利于写文章时做到瞄准中心、言而有序。要求学生课后按照提纲，写出一篇思路清晰、中心明确的好文章，600字以上。

（三）写作训练，强化技法

1. 对照评价量表

评价项目	自　评	他　评
①抓住题目的关键信息，选材符合题意，有明确的中心	☆☆☆☆☆	☆☆☆☆☆
②选材数量合适，内容紧扣主题	☆☆☆☆☆	☆☆☆☆☆
③选择材料有详有略，突出中心	☆☆☆☆☆	☆☆☆☆☆
④言而有序，恰当使用时间顺序、空间顺序、逻辑顺序	☆☆☆☆☆	☆☆☆☆☆

说明："思路要清晰"要求写作时明确中心，选择紧扣中心的材料，合理安排写作顺序，详写最能突出中心的材料，从而做到条理清晰，中心明确。

2. 示例点评

奶奶二三事

青黛色的方格小窗外，石榴树青翠欲滴；石榴树下的奶奶，皱纹已布满脸庞，却依旧笑容明媚。

看风起

一次考试失利，我呆坐在桌前，眼神迷茫地望着窗外的石榴树。雨声滴答，几次将娇嫩的石榴花压弯了腰。风也来凑热闹，将花吹得晕头转向，也将我的心吹得更乱了。

奶奶头戴一顶斗笠，手拿着宽大的扫帚，轻柔地扫着地上的落花，心情甚好。我倍感疑惑地问："奶奶，你怎么下雨天还这么高兴呀？"奶奶笑笑，对我说："风雨确实惹人恼，但是，是否开心取决于自己，并不取决于风雨啊。不论是否抱怨，这风雨都会到来，既然如此，何必自添烦恼呢？！你看，风雨中摇曳不败的石榴花多美啊！"

我心中的阴云顿时烟消云散，看着眼前风中摇摆而坚定的石榴花，看看笑靥如花的奶奶，奶奶那花白的头发似蝴蝶在风雨中翩翩起舞。

赏花落

淡淡月光下，绸缎般艳丽鲜红的石榴花还没枯萎便纷纷落下。陪着奶奶赏花的我不禁皱了皱眉，惋惜道："呀！这花怎么就凋零了？"奶奶摸摸我的头，淡然一笑："傻孩子，花哪有不凋谢的呢？你仔细看，那有一个青色的果子，这边还有一个。"

我摸了摸它们翘起的花瓣，外表依旧鲜艳美丽，似乎在骄傲地说："我们挺过风雨，结出最美丽的果子。"我看看黝黑消瘦的奶奶，她正穿着一件红色薄棉衣，也如石榴花般绚丽。奶奶是家中老大，生活在农村的她，小小年纪就担负起繁重的家务。同样的年纪，我还在被父母追着喂饭，奶奶就要自己烧水做饭。酷暑时节，她还要去稻田帮着收割稻子，一担一担从田埂挑往家里的场院。辛勤的奶奶似乎从不曾停歇，操劳忙碌了一生，内心却依旧明媚乐观。

一阵风来，清新的空气扑鼻而来，我知道，那是历经风雨洗礼后的石榴花氤氲出的芳香。成长的路上我从不畏惧，因为奶奶那灿烂如花的笑容，风雨不败，摇曳在我心中！

〔点评〕

本文中心明确，围绕奶奶这一人物形象进行选材，写了两件事，一是描写石榴花遭遇风雨飘零与奶奶乐观打扫庭院，二是描写石榴花凋零和回忆奶奶的艰苦成长，在描写与记叙中凸显奶奶乐观、坚强、豁达的人物形象，中心突出。文章条理清晰，写石榴花，从石榴花的生长写到石榴花的凋零，时间顺序安排恰当。以物写人，两件事均是先写景物再写人，写景与写人相互交织却又各自独立。

南昌市新建区第五中学　魏俊芸

动物可爱　萌宠情深

——记述与动物的相处（七上第五单元）

部编本语文教材七上第五单元是"活动·探究"单元，课文《我的白鸽》《猫》《大雁归来》《狼》从不同的方面讲述了人与动物相处的故事，选材真实，情感真挚，描写细腻，意蕴深远。如《猫》一文中，郑振铎书写了与三只小猫相处的故事，是学习叙写与动物相处故事的良好范例。

本单元写作教学课例让学生回溯记忆的长河，找寻那只闪闪发光的动物的身影，引导学生向课文学写作，归纳出"记叙人与动物"的写作技法。通过鉴别素材、回归课文、掌握方法、构思预写、讨论修改、例文赏析几个学习步骤引导学生学会细致描写，抒发真情。学习本课后，学生能够写出事件真实可感、描写具体生动、情感真挚动人的作文。

学习目标

1. 了解人与动物相处的方式，深化对动物和人类之间的关系的理解。

2. 记叙与动物相处中发生的故事，适当运用细节描写，写出动物的特点，表达自己的情感态度。

3. 增进对动物的了解，树立亲近自然、尊重生命的意识。

思维导图

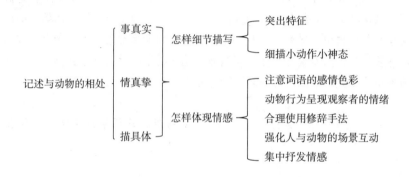

教学过程

一、导入

动物，作为人类生命中不可或缺的挚友，以其独有的方式温暖着我们的心灵，成为治愈情绪、启迪生命真谛的宝贵存在。在我们悠长的人生成长轨迹中，总有那么一只小动物，它的身影在记忆的长河里熠熠生辉、无法抹去，深刻影响着我们的情感与认知。

今天这节课，将让学生拿起手中的笔，随着思绪流淌，把那段与动物共度的时光细细雕琢。

二、素材鉴别与对比

引出教师的自身经历：

老师读初中的时候，曾悉心照料过一只刺猬。那是我的爸爸从河滩上捡回来的。我把刺猬当作宝贝来宠着，特地找了一个铁皮桶来养它，想着这样它就逃不出去了。我每天变着法子给它喂好吃的，什么蚯蚓、菜叶子、虫子、猪肉、羊肉甚至鱼肉，我都喂给它，但是让我沮丧的是，刺猬什么都不吃，甚至连看都不看一眼。

结果，这只原本肥壮的刺猬，以肉眼可见的速度消瘦，三天三夜，它粒米不进。到了第四天我看它的时候，发现它仿佛只剩下一层布满尖刺的皮囊，肚子空空如也，饥饿已将其榨干殆尽！

那天夜里，我被一阵"咔嚓咔嚓"的声音惊醒，那声音像是什么动物在挠我家的门。我没有多想——应该是老鼠吧！毕竟关刺猬的铁皮桶那么高，它是不可能逃出去的！

第二天早晨，爸爸告诉我，刺猬跑了。

我一脸不可思议地走近铁皮桶，看到了我今生最惊骇的一幕！

铁皮桶的内壁，布满了触目惊心的黑色痕迹，一条一条交叠着，仔细一看，那不是黑色，那是鲜血凝固以后的暗红！内壁的油漆也被一条一条的抓痕布满，高高低低。我瞬间明白了，这些抓痕和暗红，是那只刺猬的爪子留下来的！

那是多么令人震撼的一幕啊！我没有看到，但我完全能感受到——一只刺猬，为了自由，一下一下地抓挠光滑的桶壁，直到自己的爪子被完全磨损，纤薄的皮肤被完全磨破，细弱的骨头完全露出来！但是它依然不放弃对自由的追求！也许就在某一次的疯狂撞击中，它拼尽全力跳跃了起来，翻过了高高的铁皮桶，走向了自由！

我仿佛听见，刺猬对嗟来之食的冷笑；我仿佛看见，刺猬飞过铁皮桶的高傲弧线。

师：同学们，这是老师的亲身经历，二十多年过去了，我都没有忘记那个铁皮桶内壁上触目惊心的抓痕。这是一个短故事，大家觉得，要想写出这样的故事，需要什么样的因素呢？

生纷纷作答，教师进行引导性概括：

1. 要有真实经历。

2. 要有真情实感。

然后，教师呈现写得较为粗糙的学生习作，和上文《刺猬》进行对比，并深入引导：要想写出好的动物题材作文，必须：

1. 事真实——要有和动物相处过的真实的经历。

2. 情真挚——扣住人和动物两个方面，写出自己的感受和情感。

3. 描具体——写作时，描写要生动、具体。

三、回归课文，积累与提高

以郑振铎的《猫》为例，重点阐述关于好的动物题材作文的三要素。

屏显：

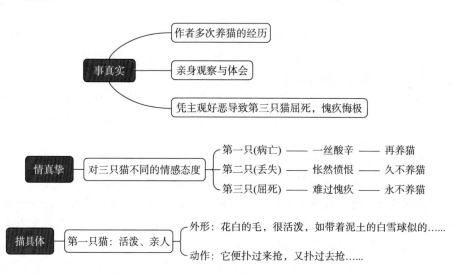

四、构思及预写

学生初练，找出问题，通过写作实践进行提升。

常见问题一：学生不知道怎样进行细节描写。

解决措施：

1. 明晰概念

细节描写，是指抓住生活中的细微而又具体的典型情节，生动细致地描绘。细节，是指人物、景物、事件等描写对象的富有特色的细小特征。

2. 例文鉴赏

例文：它是一条恶犬，纯黑的皮毛在阳光下微微发亮，它的血盆大口时常张着，嘴角还垂落着透明的黏液。它是街上出了名的"恶霸"，那些弱小的流浪狗都是它的"手下"，寻找食物这样的小事交给他们足矣。偶尔遇上一两个"试图挑衅"的，就该轮到它"出马"了。它只需用利爪和强壮的身躯对其施压，便能让其明白，谁才是真正的王者。欺负弱小让它的本性暴露无遗。不但是狗，连人看见它，也得绕着走。毕竟，谁都不想惹上麻烦。

例文：那是一只白黑的牛奶猫，瞧见我，它居然转过头，踩着小碎步靠了过来，将头枕在我的鞋上躺了下去。猫的小身体随着呼吸起伏，我伸出手，以指尖滑过他的脊背。猫有些不解，或许是惊慌，它圆睁着一对黄澄澄、有着月亮光泽一般的瞳子。我拍拍它的小脑袋表达我确无恶意，它便歪歪头，露出了一个猫的微笑。

3. 技巧归纳

（1）突出特征，尤其注意"大外形下的小细节"，如上述例文中的"它是一条恶犬，纯黑的皮毛时常在阳光下些许发亮，它的血盆大口时常张着，嘴角还垂落着透明的黏液。"

（2）细描动态下的"小表现"，如"猫有些不解，或许是惊慌，它圆睁着一对黄澄澄、有着月亮光泽一般的瞳子。我拍拍它的小脑袋表达我确无恶意，它便歪歪头，露出了一个猫的微笑。"

常见问题二：学生不知道怎样让自己的感情在行文中得以体现。

解决措施：

1. 注意词语的感情色彩。

2. 关注动物的行为描述。

要呈现观察者的情绪，如意外、愤怒、喜悦等。再如上述例文中的"它居然转过头""猫有些不解，或许是惊慌，它圆睁着一对黄澄澄、有着月亮光泽一般的瞳子……"

3. 适当使用拟人等修辞手法。

4. 强化人与动物的场景互动。

例文：我的脚步是那么的轻，轻到我自己都快听不见了。慢慢地，我离那条狗越来越近，十步、五步、三步，我看着它的眼睛里闪过一丝凶光，突然想起母亲和我说的话"千万不要注视一个动物的眼睛",我赶紧把视线移开,我来到它的身边,我看见它竖起的毛发和紧绷的肌肉,我的心瞬间提到了嗓子眼儿。突然,它猛地转过头来,一双棕黄的瞳子直视着我,我仿佛还听到了它的喉咙里发出的一声低吼。"天哪,它不会突然扑向我吧!它要是咬了我怎么办!我今天不会要'命丧于此'了吧!"我的心中闪过了许多荒唐的想法,却又认为它们可能成真。我的手不住地颤抖,脚步变得沉重,我的额头上已然渗出丝丝细汗,手中也满是汗,我屏住呼吸,慢慢地走着。渐渐地,它离我越来越远,三步、五步、十步……我长舒了一口气。我一转头,发现它也在回头看我。此时它的眼中不再是凶光毕露,太阳折射在它的瞳子里,竟有些许暖意。

5. 集中抒发情感。

(1)在对动物的行为进行描写后,随即呈现的人物的情感、感受,既可以直接表述,也可以转化为人物的言行、神态。如《猫》中"它便扑过来抢,又扑过去抢。我坐在藤椅上看着他们,可以微笑着消耗过一二小时的光阴,那时太阳光暖暖地照着,心上感着生命的新鲜与快乐。""它坐在铁门外边,一见我进门,便飞也似的跑进去了。饭后的娱乐,是看它在爬树。隐身在阳光隐约里的绿叶中,好像在等待着要捕捉什么似的。"

(2)在行文的高潮处或矛盾尖锐处,人的情感、感受可以"集团化"的形式呈现,组成多句组合式的心理描写。如《猫》中"我心里十分的难过,真的,我的良心受伤了,我没有判断明白,便妄下断语,冤苦了一只不能说话辩诉的动物。想到它的无抵抗的逃避,益使我感到我的暴怒,我的虐待,都是针,刺我的良心的针!我很想补救我的过失,但它是不能说话的,我将怎样的对它表白我的误解呢?……我永无改正我的过失的机会了!"

五、评价及修改

1. 对照评价量表

评价项目	自 评	他 评
①突出动物特征,给人留下深刻印象	☆☆☆☆☆	☆☆☆☆☆
②动态和静态描写有机结合	☆☆☆☆☆	☆☆☆☆☆
③故事情节真实性高,感情真挚	☆☆☆☆☆	☆☆☆☆☆
④适当使用修辞手法	☆☆☆☆☆	☆☆☆☆☆
⑤遣词造句能流露出情感,引发读者的共鸣	☆☆☆☆☆	☆☆☆☆☆

说明:"记述与动物的相处"要求能抓住动物特征,写好细节,抒发真情实感。在具体描写作过程中可以将动态描写和静态描写结合起来,写活动物。适当使用修辞手法等技巧也能使文章增色不少。

2. 示例点评

风采依然

学校门前时常伏着一只大狗。

它是一条恶犬，纯黑的皮毛在阳光下微微发亮，它的血盆大口时常张着，嘴角还垂落着透明的黏液。它是街上出了名的"恶霸"，那些弱小的流浪狗都是它的"手下"，寻找食物这样的小事交给他们足矣。偶尔遇上一两个"试图挑衅"的，就该轮到它"出马"了。它只需用利爪和强壮的身躯对其施压，便能让其明白，谁才是真正的王者。欺负弱小让它的本性暴露无遗。不但是狗，连人看见它，也得绕着走。毕竟，谁都不想惹上麻烦。这样的狗让人厌烦。

它的好日子可算到了头，它终于为它的肆意轻狂付出了代价。

它的行为惹怒了人们，人们忍受不了这只不知天高地厚的狗。人们的棍棒让它懂得了什么叫作"安分守己"，可它毕竟是只狗啊。无力的呜咽是它投降的信号。棍棒停下了，可那刻的黑暗在它心里留下了阴影。它第一次明白什么叫作惧怕。它拖着身子躲在角落里。"一代王者被现实拉下神坛"。人们都以为它死了，死在黑夜里。

几年后我再回母校，惊奇地发现小卖部的旁边巷子里的老人养了一只大狗。它很顺从，不似其他大型犬的凶狠，它守卫着老人、陪伴着老人。人们都很喜欢它，它真的很乖。可它好像有些奇怪，脚有点跛。后来才打听到，这是当初为了保护老人落下的病根。可是……它真的太像那只恶犬了。我决定去问问老人，老人听后一愣，说道："这就是它啊，它太可怜了，我也是不忍心啊，医生说它可能没法活下来了。谁都没想到它能爬起来啊，这是它的宿命！

是啊，这是它的宿命啊。它的轻狂，它的忠诚，他的温顺，都是宿命啊。现实磨去了年少的棱角，磨去了锐气，但它却活着，活得更好了。它有属于自己的命运，它的一生都值得我去深思。挫折和磨难不仅发生在它身上，而且于人类，不也一样？又试问自己，倘若遇到这种变故，我是否能再次站起，能否如此活着？

两年前，它意气风发，两年后，它风采如旧！

〔点评〕

本文抓住了狗的特征，描写细腻、情感真挚且写得非常有意思。小作者饱含深情地记述了一只大狗的命运起伏，并进行了深刻的思考。起初这只大狗无比嚣张，后来遭遇"制裁"，但是它并没有"一蹶不振"，而是换了一种活法，同样活出了自己的价值和风采。这份"风采依然"给小作者带来了深深的思考。

江西师范大学附属中学　毛　莉

放飞思维　穿越时空

——发挥联想和想象（七上第六单元）

部编本语文教材七年级上册第六单元的《小圣施威降大圣》《皇帝的新装》《女娲造人》《寓言四则》四篇课文，都是学习"发挥联想与想象"的良好范例，讲述了一个又一个梦幻离奇的故事，能启发学生换一种眼光去看世界。如《皇帝的新装》借助曲折离奇的故事，从奇特的角度讽刺了统治者的愚昧和社会上的虚伪风气。

本单元写作教学课例以参与写作的"奇幻之旅"为情境任务，引导学生向课文学写作，归纳出"发挥联想与想象"的写作技法。通过"研读范文、学习技法，写作闯关、能力提升，写作训练、强化技法"三个任务活动，让学生充分发挥联想与想象，在趣味课堂中记录梦幻故事。

学习目标

1. 了解联想与想象的概念及其在作文中的重要性。
2. 培养学生运用联想与想象进行写作的能力。
3. 激发学生的创造精神和写作兴趣。

思维导图

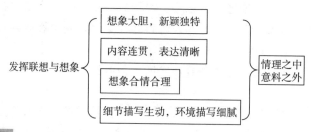

教学过程

一、情境导入

如果把写一篇文章比作一次奇妙的旅程，那么联想和想象就好比为旅人装上了"千里眼"和"顺风耳"。教师引导学生在学习归纳、修改例文、实践演练的活动中，插上联想和想象的翅膀，让写作散发出奇幻的光辉。

二、明确概念

（一）联想

1. 概念。所谓联想，是人们在观察的基础上，由当前的某一事物回忆或想到另一个有关事物的思维活动。

2. 分类。

（1）相似联想：抓住事物的相似性进行联想。

如："天上的明星现了，好像点着无数的街灯"中的"明星"与"街灯"。

（2）相关联想：由一件事物联想到与之相关的其他事物。

如：庄稼——农民、土地；现实——过去、未来。

（3）相反联想：由一件事物的正面联想到它的反面。

如：宽敞明亮的楼房——低矮潮湿的小屋；某人的自私自利——先进人物的大公无私。

（4）因果联想：由因联想到果，由果联想到因。

如：叶子变黄了——秋天到了、大树生病了。

（二）想象

1. 概念：想象是在原有材料的基础上，在头脑中创造出未曾有过的新的形象的思维活动。如《天上的街市》中诗人发挥想象，描绘了牛郎织女骑着牛，提着灯笼，涉过天河，自由逛街的画面。

2. 方法。

（1）时间错位。如穿越时间隧道，想象从现代走进古代。

（2）空间错位。构想出某个特定场合，把自己或他人放入其中进行演绎。

（3）角色想象。将某个事物想象成人，或者把自己想象成动物、植物等。

（4）事件想象。推想事件的发生、发展过程及其中的相关细节和结果。

三、训练过程

（一）研读范文，学习技法

教材单元选编了一些富有想象力的文章。这些文章在所述内容和主题上有一个共性——通过虚构的人物和情节反映现实生活和问题，故事生动有趣，哲理引人深思。让学生回顾本单元所学的课文，向课文学写作，借助图表把握作者思路，深入理解课文中蕴含的思想，学习运用联想和想象的方法。

1. 完成图表，理清思路

课　　文	体　　裁	思　　路
《小圣施威降大圣》	小说	通过描写孙悟空和二郎神斗智斗勇，塑造了他们本领高强、神通广大的形象
《皇帝的新装》	童话	借助曲折离奇的故事，讽刺了统治者的愚昧和社会上的虚伪风气
《女娲造人》	神话	通过对古代神话的演绎，表现了汉民族先祖对人类起源的好奇与求索精神
《寓言四则》	寓言	故事短小精悍，体现了古人的想象与智慧，对今人有很好的启迪

2. 方法归纳

（1）联想要自然恰当。

联想到的事物要与原事物之间有一定的关联。

《荷叶·母亲》中，作者由荷叶对红莲的庇护，联想到母亲对孩子的爱，这是基于相似性做出的合理联想。

（2）想象要合情合理。

想象虽然是"无中生有"的，但想象必须有现实基础，必须符合生活的逻辑。

《西游记》中的孙悟空是虚构的，但它却是在真实生活的基础上创造出来的，有着现实生活的影子。

（3）联想和想象要有新意。

展开联想，发挥想象，都要在自然、合理的基础上力求不落俗套。

诗人刘大白《秋江的晚上》一诗中写夕阳在江上坠落，是驮着斜阳归巢的倦鸟，"双翅一翻，把斜阳掉在江上"，这些想象就很新颖，给人以深刻印象。

（二）写作闯关，能力提升

闯关一：故事接龙，实践演练

学生们分组合作，由第一个学生写一句话作为故事的开头，比如"那一天，发生了一件奇怪的事。"其他学生依次写下去。如果一圈下来没写完，可以接着再写，直到写出一个完整的故事。写完后可由一位学生朗读故事，同组的其他学生提出修改建议。最后推选出一位学生，让他根据大家的建议修改故事并定稿。

示例：

A：那一天，发生了一件奇怪的事。

B：学校东南角的天空中出现了一个黑乎乎的大洞。

C：一艘巨大的飞船从洞中飞出。

D：它发出稀奇古怪的声音。一阵凉风吹过，飞船还发出了五颜六色的光。

E："轰"的一声，从飞船的侧面，冒出一个不明生物。

F：那个生物的身体和我们一样，只是他有三只绿色的眼睛和红色的头发。

G：他对我们说了一些话，可我们什么也没听懂。

H：然后那个生物就乘坐飞船离开了。

I：忽然有人说："学校有人失踪了！"我们所有人都陷入恐慌中。

J：几天后，飞船又飞了回来，扔下一个巨大的蛋，蛋自动打开后走出一个人，正是那个先前失踪的学生。

K：大家发现这个同学的额头上多了一只若隐若现的眼睛，仿佛外星人在监视着我们，太可怕了……

明确：经过充分发挥联想与想象，每一位学生能顺着上一位同学的思路写，从而使文章的情节发展保持了一定的连贯性，情节生动而精彩。

闯关二：小组合作，修改例文

结合发挥联想与想象的写作技法，指出病文《十年后的我》的不合理之处。

修改示例：

十年后的我

时光流逝，岁月如梭，时间如同马一样飞快，不知不觉中十年过去了，如今我已经二十二岁了，环境也发生了巨大的变化。

~~早在十年以前，世界就已提出了要保护环境，可惜重视的人少之又少，这样十年了，我国最大的淡水湖－鄱阳湖，才是十年前的三分之二。现在这种情况，国家不得不引起重视，但我还没意识到事情的严重性，直到……~~ **删除**

今天是 2035 年一月五日，我的生日，也是我大学里最后一堂课。我们一行人跟着辅导员来到校外，上了大巴车。我们都不明所以，一头雾水，不明白辅导员想干什么，辅导员让我们放心，她带我们去看看，还随手拍了一张照片，我们便走了。我们在车上说说我问问，实在不明白，指导员到底想干什么。一会儿，车开始颠真皮，上下摇晃，每个人都在叫，有些人实在不明白，还生气了。

十分钟后，我们到达了一个贫瘠的地方。我们下车后，我震惊了，这里连一个下脚的地方都没有。每个人都瘦骨嶙峋，一脸饥渴地望着我们，我能看出他们不想死，但他们没有任何方法。他们因为工厂开发，核废水的排发放，早已没有干净水喝了，我想着自己平时是那般地浪费水，看着他们闪着光的眼睛，我在想，我凭什么那么浪费水？凭什么不节省水，这些措施不仅给人类带来了使捷，也给人们带来了灾难。我要帮他们，我暗暗下定决心。①

之后辅导员又带我们来到了乡下。我们更惊讶了，一方面是这里山清水秀，空气质量也杠杠的。另一方面是这里没有核电站。人们自己动手丰衣足食，生活十分快活，辅导员拿出手机，把她拍的照片给了我。对比一下，大自然竟是如此美好……②

环境是成功的关键，学习环境十分重要，自然环境更加是了。所以请大家保护好环境，这是人类生存的关键。

主要问题：

1. 标题是"十年后的我"，但是篇幅中大量写的是环境的重要性，并没有提到环境对于"我"的影响与启发。

2. 文章缺少细致描写，"我"始终是以旁观者的角度来看待环境的变化，并没有切实体会。语言、动作、心理等细节描写较少，并没有展现出"我"的具体形象，故事缺乏真实性。

明确：第二和第三自然段部分与主体"我"无关，直接删除。第四自然段应添加"我"下定决心要如何帮助"他们"以及"他们"对"我"产生了什么影响。第五自然段应添加动作、心理等细节描写，从"我"的角度描写出此地是怎样的山清水秀。

（三）写作训练，强化技法

1. 对照评价量表

评价项目	自　评	他　评
想象大胆，新颖独特	☆☆☆☆☆	☆☆☆☆☆
想象合情合理	☆☆☆☆☆	☆☆☆☆☆
内容连贯，表达清晰	☆☆☆☆☆	☆☆☆☆☆
细节描写生动，环境描写细腻	☆☆☆☆☆	☆☆☆☆☆

说明：鼓励学生大胆想象，且自然贴切、合情合理、有新意，并且能够清晰、生动地表达出来。

2. 示例点评

十年后的我

时光荏苒，转眼间来到了 2034 年。十年的变迁，让这个世界焕然一新，让我们一起来探索这些变化吧。

清晨，我醒来时发现自己居住在一座摩天大楼的顶层。透过宽敞的窗户，我俯瞰着城市的壮丽景色，心中不禁感叹："世界的发展真是日新月异！"迅速穿戴整齐后，我步入客厅，智能沙发已经为我准备好了早餐，我一边享用，一边看着高清屏幕，仿佛置身于画面之中。十年后的我，已经从北京大学毕业。我告别父母，乘坐着无人驾驶的电动汽车出发了。这种电动汽车非常便捷，无需更换电池，也无需人工充电。只要将车停在阳光底下，它就能自动充电，既节能又环保。这样的汽车，难道你不心动吗？

由于前一晚我忙于撰写大学论文，感到有些疲惫，幸运的是，我的新能源电动汽车具备自动驾驶功能。我启动了自动驾驶模式，闭上眼睛，准备小憩片刻。这时，汽车智能系统检测到我的身体需要放松，贴心地调整座椅到最舒适的位置，并开始为我按摩。半小时后，我到达了目的地，走向公司大门。进入公司，映入眼帘的是各式各样的飞行器。你可能会好奇我为何来到这里，因为我才华横溢，昨天我撰写的论文引起了轰动，因此被飞行专业的教授看中，我成了一名飞行员。

　　我登上了一架飞机，迫不及待地启动引擎，飞机直冲云霄。我穿梭在云雾之间，仿佛进入了仙境。突然，一只巨大的老鹰飞速向我的飞机冲来，我及时反应，巧妙地避开了它。不久后，我即将飞跃云层。终于，我看到了下方那些渺小的房屋，一切美景尽收眼底。突然，屏幕上的提示告诉我需要下降了，否则温度会持续降低。于是我立即返航，依依不舍地结束了这次试飞之旅。

　　这样的未来多么令人向往，谁不渴望拥有这样的生活呢？

〔点评〕

　　创意性：文章通过设想未来的日常生活，展现了作者对未来科技的期待和想象。无人驾驶的电动汽车、智能沙发、自动充电技术等元素都体现了作者对科技进步的憧憬。

　　细节描写：作者在描述未来生活时，使用了丰富的细节，如智能沙发准备早餐、自动驾驶汽车的舒适体验、飞行时的紧张刺激等，这些细节让读者能够更加生动地感受到未来生活的场景。

　　情感表达：文章中穿插了作者的情感表达，如对世界发展速度的感叹、对自动驾驶汽车的心动、对飞行体验的兴奋等，这些情感的流露增强了文章的感染力。

　　总体来说，这篇文章是一篇富有想象力和创意的作品，通过对未来生活的描绘，激发了读者对未来的期待和思考。

南昌市新建区第五中学　邹常油

流湖初级中学　周敏芳

聚焦　细描　强调　点睛

——写出人物的精神（七下第一单元）

　　什么是人物的精神呢？人物精神包括人物的性格、品质、气质、个性等，譬如豁达乐观、风趣幽默、自律坚韧、积极上进等，都是我们生活中能够抓取到的人物精神。七年级下册第一单元由《邓稼先》《说和做——记闻一多先生言行片段》《回忆鲁迅先生（节选）》和《孙权劝学》组成，这些文章都展示了杰出人物丰富多彩的精神世界。如何在写作中表现一个人的精神呢？本单元写作教学课例的写作训练，按四个步骤逐步推进，展示如何写出人物的精神，它们依次为：聚焦精神，明确中心；细节描写，丰富血肉；对比衬托，强调精神；议论抒情，画龙点睛。

学习目标

1. 学习用聚焦的方法，明确人物的精神。
2. 学习在写作时补充细节，放大细节，使人物描写更生动、具体。
3. 学习使用对比、衬托等写作手法来突出人物的精神。
4. 学习使用议论、抒情等表达方式来画龙点睛，升华人物的精神。

思维导图

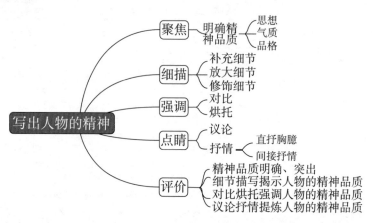

教学过程

一、课前学习任务

1. 回顾单元课文，思考作者是如何写出主要人物精神的。

2. 回顾七年级上册的写作主题"写人要抓住特点"，复习语言描写、动作描写、心理描写、神态描写、外貌描写等基本的人物描写的方法。

二、创设情境，明确任务

师：经过层层选拔，小潘同学将代表班级去参加学校的作文大赛，作文的标题是"他（她）是我的榜样"，小潘选择了我们熟悉的语文李老师作为写作对象，让我们一起为他出谋划策，修改作文，凝聚班级力量，力争拿下"最佳团队奖"。

三、学而时习，回归教材

教师设计以下表格给学生填写，学生通过小组合作来完成。（注：精神品质填写一种即可，不必面面俱到）

单元复习				
课文	精神品质	典型细节	对比烘托	议论抒情
《邓稼先》				
《说和做——记闻一多先生言行片段》				
《回忆鲁迅先生》				
《孙权劝学》				

四、明确步骤，逐层推进

1. 学习支架一：写人物前要先聚焦，概括、提炼人物的主要精神，再围绕主要精神组织材料。

复习课文内容后，教师引导学生学以致用，出示小潘已写好的段落文字，引导学生归纳该段落所表现的精神品质。

（屏显）

李老师讲课，不拘泥于课本，他会经常讲《论语》《诗经》《战争与和平》

《百年孤独》等，有的时候还会讲一些趣闻逸事。他主张培养学生的语文素养，写作文讲究"真实"二字，真是令人信服。

示例：渊博、高明、有趣。

2. 学习支架二：补充（放大）细节、修饰细节可以使人物更具体、更生动，字里行间透出人物的精神品质。

教师引导学生补充、修饰细节。

学生修改示例：

李老师学识渊博，他从不拘泥于课本，会给我们讲许多故事。他讲话慢条斯理的，嘴角总带着一种自信与明快的微笑。他的眼睛大而有神，眼睛里仿佛有漫天的星辰。很快，高谈阔论激荡起来了！《论语》出来了，《诗经》出来了，《战争与和平》出来了，《百年孤独》出来了……还有一些趣闻逸事。他教书之功底是大家有目共睹的，他主张我们要培养语文素养，写作文讲究"真实"二字，令人信服。

3. 学习支架三：强调。恰当地使用对比、烘托，可以强调人物的精神，给人留下深刻的印象。

增加对比或烘托，凸显李老师的精神。

学生修改示例：

有的老师的语文课堂只是就课文讲课文，让学生抄笔记，像主旨思想、答题技巧之类的，然后一字不落地背下来，李老师的课堂则不然。他从不拘泥于课本，会给我们讲一些其他的事情。他讲话慢条斯理的，嘴角总带着一种自信且明快的微笑。他的眼睛大而有神，眼睛里仿佛有漫天的星辰。很快，高谈阔论激荡起来了！《论语》出来了，《诗经》出来了，《战争与和平》出来了，《百年孤独》出来了……还有很多的趣闻逸事。他教书之功底是大家有目共睹的，他主张我们要培养语文素养，写作文讲究"真实"二字，令人信服。

4. 学习支架四：添加抒情议论，通过引用名言、直接议论、抒情等方式画龙点睛，总结人物精神，升华文章主旨。

学生修改示例：

有的课堂老师只是就课文讲课文，学生抄笔记，像主旨思想、答题技巧之类的，然后一字不落地背下来，李老师的课堂则不然，他从不拘泥于课本，会给我们讲一些其他的事情。他讲话慢条斯理的，嘴角总带着一种自信且明快的微笑，他的眼睛大而有神，眼睛里仿佛有漫天的星辰。很快，高谈阔论激荡起来了！《论语》出来了，《诗经》出来了，《战争与和平》出来了，《百年孤独》出来了……还有很多的趣闻逸事。他总可以洞悉生活中寻常却又不寻常的小事，用最平实之语气，说出最令人震撼的话。他教书之功底是大家有目共睹的，他主张我们要培养语文素养，写作文讲究"真实"二字，令人信服。

"师者，所以传道授业解惑也。"我想李老师是践行了这一原则的。他博学而高明，他负责而忙碌，他是高尚的为师者。

李老师，您是我的榜样！

五、逐层评价，优化提升

1. 对照评价量表

学生根据评价量表，对自己的修改稿进行评价，然后组内互评，小组讨论，总结经验，并对小潘作文的其他部分进行修改。

评价量表

评价项目	自　评	他　评
精神品质明确、突出	☆☆☆☆☆	☆☆☆☆☆
细节典型，揭示人物的精神品质	☆☆☆☆☆	☆☆☆☆☆
通过对比、烘托，能强调、凸显人物的精神品质	☆☆☆☆☆	☆☆☆☆☆
议论抒情能画龙点睛，提炼人物的精神品质	☆☆☆☆☆	☆☆☆☆☆

说明：该量表贯穿于写作过程的始终，适用于一步一步来润色文章。

2. 示例点评

他是我的榜样

"砰！"

随着一声突兀的开门声响起，教室里寂静了下来。两条矫健有力而不失秀美的腿迈了进来，优雅地踱上了讲台。他把几本极厚且令人生畏的书放上讲桌，即刻吐出三个字：

"第一个！"

教室瞬间如"沸腾之蚁穴"、"钱塘之江潮"，同学们"轰轰烈烈"地翻找本子。而他却微笑着，眼睛炯炯有神。望着乱作一团的我们，他悠然自得地开始了三十个听写练习。

学校的生活是烦闷的，而李老师富于趣味的课，犹如风雪中的梅花，灵动得恰到好处。他长着一张极方正而又显得云淡风轻的脸，戴着一副极方正的黑色眼镜，抱着几乎极方正的书，穿着极方正的衣服与裤子——像一名公务员一样，中规中矩、朴实无华。可那只是他的表象，在实际生活中，他属于极具特点的人。他总是踩着上课铃声来到班里，然后走上讲台。通常这个时候我们都十分吵闹，他却在这时报起了听写，使人惊慌失措、手忙脚乱。他讲课时会突然压低声音："听，是谁在讲话？"教室中热闹的氛围会顿时安静下来，而总有人始料未及，说话声被大家听见，于是李老师便顺理成章地说："你，回答一下！"教室里立刻笑声一片。

有的老师的语文课堂只是就课文讲课文，让学生抄笔记，像主旨思想、答题技巧之类的，然后一字不落地背下来，李老师的课则不然。他从不拘泥于课本，他会给我们讲一些其他的事情。他讲话慢条斯理的，嘴角总带着一种自信且明快的微笑。他的眼睛大而有神，眼睛里仿佛有漫天的星辰。很快，高谈阔论激荡起来了！《论语》出来了，《诗经》出来了，《战争与和平》出来了，《百年孤独》出来了……还有很多的趣闻逸事。他总可以洞悉生活中寻常却又不寻常的小事，用最平实之语气，说出最令人震撼的话。他教书之功底是大家有目共睹的，他主张我们要培养语文素养，写作文讲究"真实"二字，令人信服。

李老师是极负责的，他为我们改作业，讲作文……他用实际行动在教育我们，而不仅仅是说说而已。

"师者，所以传道授业解惑者也。"我想，李老师是践行了这一原则的。他博学而幽默，他高明而负责，他是高尚的师者。

李老师，您是我的榜样！

〔点评〕

本文对人物的精神的表现主要从教学有道、风趣幽默、知识渊博、认真负责等方面展开；细节描写非常生动，综合运用了语言、动作等描写方法，突出了人物的精神；结尾的议论抒情也起到了提炼精神品质、升华主旨的作用，是一篇值得学习的佳作。

长沙汽车工业学校　李保洋

巧用抒情　妙笔生花

——学习抒情（七下第二单元）

　　文章最重要的特质就是以情动人，抒情是写作中一种很重要的表达方式。抒情，即表达情思，抒发情感。然而抒情比较抽象，而且常常和其他表达方式结合在一起，对此学生很难把握。因此，要联系所学课文，做到课内学范例，课外善模仿，引导学生了解直接抒情和间接抒情这两种抒情方式，体会两者不同的表达效果，从而习得基本的抒情方法。

　　本单元写作教学课例借助家乡风土人情创设情境，搭建技法支架，通过抓关键词把握直接抒情、精选意象、学习间接抒情及修辞点缀等环节，教会学生学写抒情性的文章。

学习目标

1. 学习常见的抒情方法——直接抒情、间接抒情，并理解其表达效果。
2. 学习抒情的基本方法，能选择恰当的抒情方式来表达自己的真情实感。

思维导图

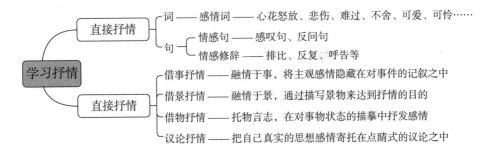

教学过程

一、导入环节

（PPT 显示班级挑战书）

师：同学们，今天老师要给大家分享一个好消息，我们班在期末给隔壁班下的挑战书挑战成功！此刻，大家感受如何？（高兴、激动等）那么，你们想不想听听张老师此刻的感受呢？

今天晴空万里，蓝天白云映衬着明媚的阳光，周围的声音变得悦耳动听——鸟儿的歌唱、潺潺的溪流，我步履轻盈，仿佛踩着快乐的音符前行，全身充满了动力和活力。听了我的描述，大家现在知道老师的心情了吗？那大家知道我这样表达自己感受的方式叫什么吗？

明确：抒情。

二、初步感知，了解抒情

（一）明确概念（学生自由分享）

学生交流：抒情，是指通过文字表达情感的方式（喜怒哀乐），使读者引起共鸣、受到感动或产生激情，从而增强文章的感染力。抒情分为直接抒情和间接抒情两类。

（二）抒情分类

明确：直接抒情和间接抒情。

抒情方式 ＼ 对比	概念区分	表达效果
直接抒情	不借助别的事物，直截了当地表达自己的情感	强烈、鲜明
间接抒情	没有直白的抒情语句，而是把情感渗透在叙述、描写和议论中，让读者慢慢体会	含而不露 耐人寻味

三、学习技法，体验抒情

（一）创设情境，激发兴趣

师：哈尔滨的一声"南方小土豆"，这一句爱称让"尔滨"成为文旅新晋"顶流"；甘肃天水的一碗麻辣烫，用美食燃旺了当地的"烟火气"；李娟的作品《我的阿勒泰》，用深厚的文学底蕴使得新疆阿勒泰火出圈。这些城市都以其独特的风土人情吸引了大众的关注，同学们，你们的家乡有哪些独特的风土人情呢？

（二）搭建技法支架

1. 抓情感关键词，把握直接抒情

（1）请学生梳理家乡让人印象深刻的风土人情，譬如美丽的田野、起伏的山峦、清澈的河流、美味的小吃、勤劳的乡亲、古老的习俗、淳朴的民风……

（2）从以上"风土人情"中，让学生选择感受最深的几个"点"，真切地抒发情感，并认真思考：你对家乡怀有怎样的情感？为什么会有这样的情感？

情感关键词：思念、热爱、自豪、依恋……　　（直接抒情）

2. 精选意象，学习间接抒情

学生选择一张最喜欢的图片，仿照以下示例，通过描绘图片之景（细节），来抒发自己的情感。图片内容如青花瓷、秋水广场音乐喷泉、婺源晒秋、八一广场升旗、滕王阁落日余晖、赣江静静流淌、瓦罐汤热气腾腾……

要求：①符合实际；②至少运用一种抒情的方式；时间 5 分钟。（自由写作，小组内交流并推荐最好的一个片段，全班朗读展示，师生共同评议）

技法示例：

课文	句子	间接抒情方法	表达效果
《邓稼先》	德国强占山东胶州湾，"租借"99年。俄国强占辽宁旅顺大连，"租借"25年。法国强占广东广州湾，"租借"99年。	借事抒情	叙事中表达了对列强强占中国领土的愤怒情绪
《散步》	这南方初春的田野！大块儿小块儿的新绿随意地铺着，有的浓，有的淡；树枝上的嫩芽儿也密了；田里的冬水也咕咕地起着水泡儿……	借景抒情	描写初春的生机勃勃的景色，表达出作者的欣喜之情
《走一步，再走一步》	我提醒自己不要看下面遥远的岩石，而是注意相对轻松、容易的第一步，迈出一小步，再一小步，就这样体会每一步带来的成就感，直到达成了自己的目标。	议论抒情	议论中洋溢着自信和坚定
《秋天的怀念》	又是秋天，妹妹推我去北海看了菊花。黄色的花淡雅，白色的花高洁，紫红色的花热烈而深沉，泼泼洒洒，秋风中正开得烂漫。我懂得母亲没有说完的话。妹妹也懂。我俩在一块儿，要好好儿活……	借物抒情	作者借"菊花"来表达自己会顽强活下去的信心和勇气

示例：

我爱家乡景德镇的青花瓷，只见眼前的青花瓷胎体洁白，深翠浓颜，青白相映。杯沿点缀了梅花十二朵，杯身八朵莲花缠枝，杯足描有忍冬枝。乍一看，像小桥流水边的婀娜女子，如水一般的蓝从衣领顺流而下。（借物抒情）

学生写作示例：

示例1：终于，几朵涌起的水花奏响了今日演出的序曲，五彩的灯光于喷涌而上的水柱间散动。道道光线在晶莹的水珠旁于空中折射、翻涌，绘成了一道道精彩的图案。（借景抒情）

示例2：日暮时分，半分残阳，余晖洒在云层间，云层被镀上金边。雨后天晴，七色交辉。滕王高阁，翠绿屋檐，几只麻雀，立于其上，熙熙攘攘，好不热闹。念至"落霞与孤鹜齐飞，秋水共长天一色"，心中之弦无意间被拨动开来，不禁浮想联翩，那"豫章故郡，洪都新府"也定有此等美景，于今我方能切身体验。（借景抒情、议论抒情）

示例3：晨光熹微，南昌八一广场已是人潮涌动，每一颗心都因这份荣耀而沸腾！今天，我们不仅庆祝中国人民解放军辉煌的97载，更是在心中种下了一颗爱国的种子，让它随着五星红旗一同飘扬！（借事抒情）

3. 修辞点缀，抒写真情

适当的修辞手法可以增强情感的气势和力量，课文中一些运用修辞手法的抒情语句如下：

我们祖国的英雄儿女，将要学习你的榜样，像你一样的伟大坚强！像你一样的伟大坚强！

——光未然《黄河颂》

桃树、杏树、梨树，你不让我，我不让你，都开满了花赶趟儿。红的像火，粉的像霞，白的像雪。花里带着甜味儿；闭了眼，树上仿佛已经满是桃儿、杏儿、梨儿。

——《春》

学生小组合作，对前面的写作片段进行修改完善，添加适当的修辞手法，增强感情的力量。

修改示例1：

终于，几朵涌起的水花奏响了今日演出的序曲，五彩的灯光于喷涌而上的水柱间散动，似舞女在幕帘中娉婷起舞，款款而行。道道光线在晶莹的水珠旁于空中折射、翻涌，绘成了一道道精彩的图案。

明确：借景抒情。

修改示例2：

晨光熹微，南昌八一广场已是人潮涌动，每一颗心都因这份荣耀而沸腾！这是一场升旗仪式，是一次心灵的洗礼，是一次爱国情感的升华！今天，我们不仅庆祝中国人民解放军辉煌的97载，更是在心中种下了一颗爱国的种子，让它随着五星红旗一同飘扬！

明确：借事抒情。

师：古人云，"感人心者，莫先乎情。""情"是我们作品的生命，文章本是无情物，挥洒妙笔可生花。一方水土养一方人，我们生在红土地、长在英雄城，吃的是万年米，喝的是赣江水，希望同学们运用好抒情的方法，努力发掘家乡的美，介绍家乡的美！

四、抒写真情，成就佳作

（一）写作实践

在《土地的誓言》里，作者以饱满的热情描绘了他那美丽而丰饶的家乡。你的家乡是什么样的？你对它怀有怎样的情感？以《乡情》为题，写一篇作文。不少于 500 字。

提示：

1. 关于家乡，你应该有许多内容可写：家乡的景色、物产、风俗以及你在家乡的生活……不必面面俱到，要有侧重地写作。

2. 直接抒情应基于相关的记叙、描写，顺势而发；间接抒情时，所写内容要与表达的情感相协调。

3. 写完初稿后，读给同学听听，看看你的作文是否能打动人。如果效果不好，和同学讨论，看看问题出在什么地方，然后做出相应的修改。

要求：用红笔勾画出直接抒情和间接抒情的句子。

（二）对照评价量表

评价项目	自　评	他　评
①文章抒发了情感	☆☆☆☆☆	☆☆☆☆☆
②抒情自然、真实	☆☆☆☆☆	☆☆☆☆☆
③勾画出文中直接抒情的句子，这些句子的抒情方法使用恰当	☆☆☆☆☆	☆☆☆☆☆
④勾画出间接抒情的句子，间接抒情所选的材料典型	☆☆☆☆☆	☆☆☆☆☆

说明：抒情要自然真切，感情要真挚，方式要运用合理，在行文中要根据内容的需要，恰当地选择使用直接抒情或间接抒情。

（三）示例点评

乡情

月色溶溶照幽巷，梅影半窗对小船，虫声唧唧，清风缕缕。我的家乡在粉墙黛瓦的江南，江南的小巷里有我的家。

细雨中的小巷，是一幅淡雅的水墨画。两个小姑娘撑着油纸伞从小桥上走过，小船上的渔夫戴着笠、披着蓑，伴随着"咿呀"的桨声，缓缓向前驶去。雨滴落在小河中，泛起的涟漪一圈圈晕开，就像树桩上的层层年轮。一阵微风吹过，老木门上的风铃轻轻摇了起来，发出清脆美妙的乐音……

古老的小巷，是一册古典的线装书。来到书院巷，仿佛听到学院里的琅琅书声；走进桃花坞，仿佛看到唐伯虎、文徵明、徐祯卿、祝允明在小桥上饮酒对诗；漫步千灯巷，仿佛看到窗内顾炎武挥洒笔墨，在宣纸上写下"天下兴亡，匹夫有责"；穿过百儒巷，仿佛看到一位学者手执一卷古书，意气风发；走过状元巷，仿佛看到状元"寒窗苦读十余载"，如今衣锦还乡来……

傍晚的小巷，是一尊江南市井玉雕。糕团铺里有各式各样的苏式点心，蒸笼里冒出的热气弥漫小巷；旗袍店，橱窗里的模特身着旗袍，婀娜多姿；高高的阁楼上，女子弹着琵琶，用吴侬软语唱着评弹……

我家小院坐落在小巷中。一枝芬芳四溢的茉莉从太湖石旁伸出，缀满星星点点的小花；一束高高的金桂探出小院，芳香溢满小巷；一畦小菜园，被爬满丝瓜的竹篱围绕。奶奶坐在竹椅上，一边用水磨腔哼唱着《牡丹亭》，一边手拿一根彩线绣着双面绣；爷爷坐在茶墩上，一手拿着折扇，一手慢品碧螺春，欣赏着满园春色，十分陶醉。

家乡的小巷啊！我愿化作一块古老的青石板，聆听时空的回音；我愿化作一座玲珑的古桥，品读岁月的脚步；我愿化作屋檐上的黛瓦，守护你的恬静；我愿化作一扇雕镂的花窗，阅尽你的沧桑；我愿化作河边静默的杨柳，永远陪伴在你身旁！

〔点评〕

这是一篇描写家乡小巷的散文，语言优美，情感真挚。作者通过细腻的描写，展现了家乡小巷的美丽和独特之处。整篇文章情感饱满，给人以深深的共鸣和思考。

南昌市红谷滩区碟子湖学校　张文清

善用细节描写　打动读者的心

——抓住细节（七下第三单元）

　　"抓住细节"是部编本语文教材七年级下册第三单元的单元写作。本单元有很多细节描写，如《阿长与〈山海经〉》中阿长摆"大"字的睡相，给我买来《山海经》后高兴地呼喊"三哼经"的样子；《老王》中老王送来香油和鸡蛋时那"直僵僵镶嵌在门框里"的身体的细节；《台阶》中父亲踏黄泥时"每一根细发上艰难地挑着一颗乃至数颗小水珠"；《卖油翁》中卖油翁"但微颔之"的神情……这些细节描写动人心弦，引人深思，都是写作学习的典范。细节描写，可以丰富文章的形象和内涵，能够打动读者的心。同时也能够培养学生的观察力、感受力和想象力，切实提升学生的写作技能与文学素养。

学习目标

　　1. 了解细节描写的概念。
　　2. 梳理总结细节描写的方法。
　　3. 运用细节描写，优化、提升作文。

思维导图

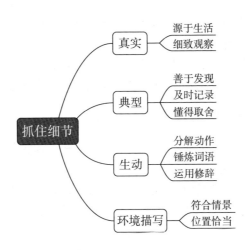

```
                    ┌── 真实 ──┬── 源于生活
                    │          └── 细致观察
                    │
                    │          ┌── 善于发现
                    ├── 典型 ──┼── 及时记录
     抓住细节 ──────┤          └── 懂得取舍
                    │          ┌── 分解动作
                    ├── 生动 ──┼── 锤炼词语
                    │          └── 运用修辞
                    │
                    └── 环境描写 ┬── 符合情景
                                └── 位置恰当
```

教学过程

班里举行了一次作文大赛，题目是《＿＿＿＿＿是一种幸福》，要求用细节描写打动读者的心。教师已经批阅完所有学生的作文。

一、导入新课，激发兴趣

请学生观看四幅图片，分别是语文教材第三单元四篇课文的插图。让学生猜测图片分别来自哪一篇课文，并说明理由，由此引入细节描写的概念及作用。

二、了解细节，明确概念

细节描写是对人物、景物等表现对象的细微刻画，往往能起到以小见大、画龙点睛的作用。

常见的细节描写：肖像细节描写、语言细节描写、动作细节描写、神态细节描写、心理细节描写、景物细节描写等。

三、对比细节，体会作用

请学生看下面两个片段，思考哪个片段写得好，并说明理由。

片段一：

鲁迅先生好像听了所讲的什么起了幻想，安顿地沉思着。

鲁迅先生依着沿苏州河的铁栏杆坐在桥边的石围上了，悠然地吸着烟。

片段二：

鲁迅先生好像听了所讲的什么起了幻想，安顿地举着象牙烟嘴沉思着。

鲁迅先生依着沿苏州河的铁栏杆坐在桥边的石围上了，并且拿出香烟来，装上烟嘴，悠然地吸着烟。

明确：片段二写得好。运用了动作细节描写，将鲁迅先生沉思和吸烟的情景写得生动形象，让人物更加丰满，鲁迅先生仿佛就在眼前。

四、总结细节，梳理方法

请学生结合第三单元的课文和上面的对比分析，说说如何描写细节。

1. 细节描写要真实

在日常教学中，教师要引导学生留心日常生活，善于发现平凡生活中的真人真事，通过细节来体现生活的真谛，融入自身的情感。来看两位学生的作文片段：

片段一：循声望去，商场旁，一个矮矮的老人，驼着背、踏着凉鞋，通红的手臂上挂着一个巨大的篮子，里面好像装着花儿，上面还盖着一块半干的布。她的手被勒出一个深深的血印，豆大的汗珠顺着她花白的头发淌下来，浸湿了胸前的衣衫。

片段二：我们走在回家的路上，我牵着外公粗糙的，但温暖又柔软的手，一路上，外公的手都把我的手紧紧地包在手心里。

学生发言后教师总结：学生对奶奶的外貌观察仔细，驼背、通红的手臂、勒出血印的手、花白的头发，真实感人。对外公的手的细节描写，真实而温暖。

2. 细节描写要典型

如何做到细节典型呢？细节贵在精而不在多，要善于抓住最能反映人物性格特征的细节来写。这就要在众多的材料中有所取舍。此外，在善于观察的同时，要及时记录有意义的事件和精彩瞬间，及时对这些记录进行回顾和思考，这样就可以在写作时信手拈来。请看学生的作文片段：

我总觉得他很奇怪。总是一个人抽着烟，不常跟人说话。总是脸上挂着笑容，不说话的时候就是看着我们。但我不知道没有回乡的时候爷爷会不会常笑。

学生发言后教师总结：作者抓住爷爷看到我们回来后脸上挂着笑容这个典型细节，表现了爷爷因我们回家而非常开心。

3. 细节描写要生动

《台阶》里面写父亲等待台阶变硬的过程，非常生动。"父亲按照要求，每天在上面浇一遍水。隔天，父亲就用手去按一按台阶，说硬了硬了。再隔几天，他又用细木棍去敲了敲，说实了实了。又隔了几天，他整个人走到台阶上去，把他的大脚板在每个部位都踩了踩，说全冻牢了。""浇、按、敲、踩"等动词细节描写，把父亲写得像个小孩子，天真无邪。

那么，如何让细节描写得更加生动形象呢？

可以对动作进行放慢分解和精准描摹。同时锤炼字词，运用恰当的修辞手法。语言要简洁、有力。

（1）放慢、分解动作。

比如在描述跳高这一运动时，可以将跳高过程放慢、分解，通过细节描写将过程写生动。"只见运动员轻轻一跃，身体腾空而起，在半空中划了一个优美的弧线，然后稳稳地立在垫子上面。周围立刻响起了热烈的掌声。"这就避免了空洞的叙述，且画面感十足。

（2）锤炼字词。

古人非常注重锤炼字词，从贾岛"推敲"的"敲"到王安石"春风又绿江南岸"的"绿",再到朱自清"小草偷偷地从土里钻出来"的"钻"。这些无不体现了作家对词语的锤炼。用哪个词恰当,要充分结合语境以及要表达的情感等,并且要反复推敲,直到自己满意为止。

（3）运用修辞手法。

比喻、拟人等修辞手法的运用,可以让细节描写更加生动形象。恰当使用修辞,作文会更加生动、更加感人。

作文片段示例:

厚实洁白的雪覆盖了原先黝黑的山,俯视下面,整个雪山犹如天地大手掌里的一尾羽毛,纯白而又予人以轻盈之感。

学生发言后教师总结:将雪山比作"羽毛",形象地写出了雪山的洁白和轻柔。

4. 恰当使用环境描写

环境描写,对塑造人物有很大的作用。它可以渲染气氛,烘托人物心情,推动情节发展,暗示人物命运,抒发作者情感等。使用环境描写时要注意环境和人物心情相吻合,并且位置要恰当。可以在人物出场前,渲染烘托;也可以在相关情节后,总结升华主题。

学生片段作文示例:

窗外东边的几颗明星乍现,如同一颗颗钻石,镶嵌在漫无边际的空中。路灯静静地亮着,时不时有几只飞虫萦绕在旁边。恍惚间,我仿佛看到奶奶站在灯下对我相视一笑……

抬头,阴云已经散开了,璀璨的星星似星河般在空中点缀,给静谧夜空增添了一分色彩。月光投射在作业本上,温和而柔软,轻风拂过我的脸颊,舒适而凉爽……

学生发言后教师总结:"明星""星星""月光"等景物描写,渲染了一种温暖的气氛,烘托了人物温馨而舒适的心情,升华了主题,同时也让文章更具美感。

五、运用细节,优化习作

1. 修改习作

请学生再读一读这次写的比赛作文,看看细节描写是否到位。根据下面的提示,做出修改与优化。

提示:

①修改时,注意加入一些能表现人物的外貌、语言、动作或心理特点的细节,同时加入合理的环境描写。

②将修改后的作文和原文对比,体会修改后的优点,并完成评价量表。

2. 写作训练，强化技法

（1）对照评价量表。

评价项目	自　评	他　评
细节真实	☆☆☆☆☆	☆☆☆☆☆
细节典型	☆☆☆☆☆	☆☆☆☆☆
细节生动	☆☆☆☆☆	☆☆☆☆☆
恰当的环境描写	☆☆☆☆☆	☆☆☆☆☆

说明：作文必须有细节描写，通过细节刻画人物，感染读者。对照此评价量表，不一定要面面俱到，只要学生运用了其中的两到三项，教师就要充分肯定。

（2）示例点评。

牵手是一种幸福

已有春意。

清晨的阳光并不温暖，空气中飘浮着微凉的气息，白亮的光从层层云雾中穿透过来，斜射在草尖晶莹剔透的露珠上。清风微微拂过，拂过云朵，拂过小巷，拂过我的耳畔，一切都那么平和而安详。公园的小路上，我和外婆在宁静中前行。

外婆的手依旧是暖暖的，把我的小手紧紧包裹其中。外婆因长年干农活，手自然不及年轻时那般光滑细嫩，手指很粗糙，手心也结了一层薄薄的茧。那暗黄的手背上除了有褶皱的皮肤，还有像丘陵一样凸起的青筋。外婆的手指上有几道伤疤，她说，那是厨房赐予她的勋章。听到这儿，我不禁一阵心疼，更加握紧了外婆的手，向前走着。

我依稀记得一个黄昏，落日的余晖洒在外婆黑白交错的发丝上，也照在外婆较为佝偻的身躯上，我牵着她的手，思绪不禁飘回了从前。

阳光下，那双勤劳的手不停地在田地里劳作，那些笑弯了腰的稻禾都是她辛勤劳作的见证；台灯旁，那双苍老的手不停地在纸上写着菜谱，那是为她的外孙女准备的惊喜；沙发上，那双灵巧的手不停地在毛线与银针之间穿梭，那是为了不让我在冬天里受寒着凉；厨房里有她的身影，花园里也有她的身影……

外婆时常跟我讲我小时候的事。她说，我小时候喜欢黏着她，她也总是这样牵着我的手。那时，我的手又小又软，走起路来摇摇晃晃。她还说，每当我哭着闹着走不动时，她也会把我抱起来，托住我小小的身体。阳光落在一张稚嫩的脸庞上，它化作水滴，落入眼睛里，我在笑，外婆也在笑，幸福感油然而生。

时光氤氲，寒来暑往。在阳光下，我们沐浴着幸福，牵着手，拂过春风，朝前走去……

〔点评〕

真人真事真感情，真实的故事往往能打动人，而恰当的细节描写则是文章感人的关键。文中对外婆的手的描写非常细致、生动、感人，引发了读者的共情。拥有亲情是最幸福的，而牵手则是亲情最好的写照。

江西师范大学附属中学　邢国飞

选材要严　开掘要深

——怎样选材（七下第四单元）

　　选材，指写作时材料的选择。鲁迅曾告诫青年："选材要严，开掘要深。"材料是文章的基础，选材的优劣很大程度上决定了文章的好坏。七年级学生的作文经常出现材料与中心关联不紧密，材料老套、陈旧等问题，在教学中亟待解决。

　　教材中的课文都是学习选材的范例。《秋天的怀念》着重选取了母亲肝癌晚期时，母子相处过程中的琐碎小事，感人至深。《金色花》以儿童口吻，想象自己变成金色花后与母亲的相处，材料视角焕然一新。《台阶》通过写父亲起早贪黑搭建台阶这件事，写出父亲对目标的渴望与实现后的迷茫。《散步》写祖孙三代相处的小事，把散步这件小事写出了波折。这些课文在选材上，多写生活中的小事，但挖掘出了深度、波折和新意。这也提醒我们，平凡的学习生活也可以挖掘出精彩。

学习目标

1. 通过"头脑风暴"，拓展学生的选材空间，丰富素材的体量。
2. 通过精选素材，使选材围绕中心，并努力做到真实、新颖。
3. 通过提炼关键词，使材料组织得当，创作出一篇较好的文章。

思维导图

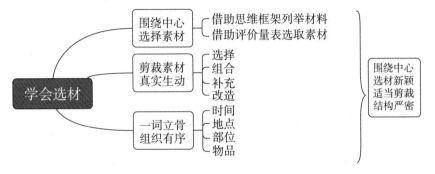

教学过程

一、创设情境

学校校刊要推出专栏，晒晒我们班的"牛人"或是"读书迷"，知识丰富；或是"演说家"，善于表达；或是"大管家"，热心集体事务；或是运动健将、乐器高手、智力超人……请学生观察班上的"牛人"，并且为本次专栏投稿。

二、围绕中心，选择素材

如果班上的"牛人"是数学老师，请学生给以下材料按照合适程度打分（1～10分），并说说理由。

"牛人"是谁	数学温老师	
"牛"在何处	教学技艺精湛、高超	评分
体现"牛"的具体材料	（1）能够反手徒手画圆，比学生用圆规画得还标准	
	（2）一道试题可以用几种思路来解决，点拨特别精准	
	（3）经常打电话与家长沟通学生的情况	
	（4）总是陪着学生一块儿做广播体操	
	（5）学生生病了，他带学生就医	
	（6）参加了很多教学比赛，拿了很多奖，获得了"优秀教师""最会教数学的老师"等荣誉称号	

明确：材料应当围绕"教学技艺"，紧扣"牛"这个关键词，那么（3）（4）（5）与此无关，偏离主题；（1）（2）（6）与教学相关，可以选用，但从写作的角度分析，（6）作为结果，难以展开描写，可以一笔带过；（1）（2）比较合适，都扣住了中心且能够展开描写。因此，（1）（2）可以打高分，（6）次之，（3）（4）（5）得分较低。

选材可以先确定好一个中心，中心不要太宽泛，否则难以聚焦。其后，针对中心关键词搜集材料，根据材料是否符合关键词的描述进行筛选，最后考虑其新颖性，选出最优素材，具体步骤如下。

1. "头脑风暴"，借助思维框架列举素材

右侧的图形可以称之为放射图，每一个需要选

材的环节都可以借助放射图构思。如要考虑"'牛'在何处"的选材，可以在中间填上"'牛'在何处"四个字，四周的六个框分别填写合适的词语，如"学习""运动""吃""才艺"等。尽量填满周围的六个格子。

2. 借助评价量表，选出最合适的材料

	围绕中心	真　实	清　晰	丰　富	独　特	总　评
材料 1						
材料 2						
材料 3						
……						

　　确定方向后，可借助评价量表帮助学生选好材料。评价量表可以设计为表格里的几个维度，还可以根据具体的题目灵活调整。"真实"指材料的事件和情感都应该是真实的，是日常生活中真实发生的。"清晰"指的是对事件的印象是否完整、准确。"丰富"指素材中的要素比较丰富，能够提供展开记叙和描写的空间。"独特"即与众不同、不落俗套。

　　每个项目可以评价为好、一般、较差三个等次，每个等次可以分别赋 3、2、1 分，最后将总分最高的 1～3 个素材用在文章中。

　　仍以"温老师"为例，请学生为以下材料打分。

温老师的课堂充满趣味	围绕中心	真实	清晰	丰富	独特	总评
在传授数学知识时，温老师常常把枯燥的知识点转变为生活中发生的事，还为其"赋予"了许多口诀						
每次班会上面对不遵守纪律的学生，他不留任何情面，还诞生了许多耳熟能详的名言警句						
不同于一般的数学老师，温老师讲题时常常思维发散。一道简单的题，经过他加工，顿时变成另外一道题。正当我们百思不得其解时他会轻轻地画上一条辅助线，我们立刻茅塞顿开，恍然大悟						

三、剪裁素材，真实而又生动

　　素材真实分为生活真实和艺术真实。尤其是艺术真实，是可以根据中心思想，对材料加以选择、组合、补充和改造。

如《散步》一文，据作者莫怀戚说当时的事实是：有歧路，无争执。祖母宠孙子，一下子就依了他……而且那次也只背了儿子，并未背母亲。（莫怀戚《〈散步〉写作契机》）

虽然"散步"当时并没有争执，但是一家人在生活中难免产生矛盾，将矛盾冲突的经历"化用"在散步这件小事中，才使得故事一波三折。写作时，我们也可以学习这种方法，适当"嫁接"，既可保留文章的真实性，又能使故事更加耐人寻味。

四、一词立骨，使材料组织严密有序

教师向学生分享三篇写人的文章，这三篇文章在结构上有一定的共性，可以为组织材料提供思路。三篇文章分别是《父亲的"老坦克"》《母亲的热炕头》《母亲的"戒指"》。

请学生说说三篇文章的共性以及给写作带来了什么启示。

明确：三篇文章都有一个聚焦的对象。第一篇文章是自行车，第二篇文章是热炕头，第三篇文章是顶针。具体的内容都围绕着物品来写，都表现出了父母对子女的关爱。

启示：在写作时，如果有比较多的材料，也可以用一个词把它们串联起来，使结构更加完整、严密。具体而言，这个词可以是时间，如春、夏、秋、冬；可以是地点，如江、河、湖、海、山岳、平原；可以是身体的某一个部位，如头发、双手、皱纹等；还可以是物品，如百宝箱、引路灯、助推器、活字典等。譬如写某位同学是"百宝箱"，可以写他总有各种各样的文具在关键时刻派上用场，写他总能把最普通的工具开发出奇妙的功能，写他的头脑也像一个百宝箱，会有很多的奇思妙想……这样的材料既围绕中心，生动、新颖，又能使结构严谨，值得借鉴。

五、评价及修改

1. 对照评价量表

评价项目	自 评	互 评
①人物"牛"在何处清晰明了	☆☆☆☆☆	☆☆☆☆☆
②与所表达的"牛"的特质相吻合	☆☆☆☆☆	☆☆☆☆☆
③对材料进行了剪裁，材料高于生活真实	☆☆☆☆☆	☆☆☆☆☆
④材料新颖独特	☆☆☆☆☆	☆☆☆☆☆
⑤材料组织合理，文章结构严密	☆☆☆☆☆	☆☆☆☆☆

说明：①和②是本课例最重要的学习内容，需要学生掌握好，因此这两个部分的评价需要严格一些，其余内容可以结合学生的学情，做提升性的要求，不用要求过高。

2. 示例点评

晒晒我们班的"牛人"

温老师，我们班的"牛人"。他总是戴着黑框眼镜，皮肤黝黑，外表虽然和"春天"没有半分关联，却如春一般滋润着我们，成为我们最"牛"、最敬爱的老师。

春雨

课上，温老师恳切的目光将我们深深打动，话语轻柔却有力量。我们好像被带入了一个奇妙的世界，思想肆意遨游。他捏起一根粉笔，两脚略微分开，手臂自然抬起并弯曲，食指指尖在前控制行笔方向，整个手掌空握，姿势专业。他平移手臂，一条条线段就此而来，不一会儿，一个线条笔直的三角形出现黑板上。"同学们，既然我已经知道垂心、重心、内心分别是什么，问题来了，我要在三角形中画一个最大的圆该如何画呢？"我们的大脑飞速运转，他默默看着并不作声。一会儿，他站在讲台上，只说了一句话"内心有什么特点呢？"我们豁然开朗，快速写下答案。温老师是春雨，无声地滋润着我们，让我们的知识快速生长。"牛"！

春雷

一天，铃刚响，他面带微笑走进教室。看到我们还在打闹、没有拿出书本。他收住了笑意，气氛冷了下来，我们默不作声。一阵令人倍感压抑的沉默后，他缓缓开口："我不来，你们课前就是这样玩吗？该学就学，课前时间很宝贵，我希望以后不要出现。"平静又低沉的声音回荡着，如春雷一般在我们每个人心中炸响，唤醒着我们对学习的重视。他认真而又严肃，让我们无地自容。这声春雷，惊醒了我们，也让我们更加努力，养成好习惯。温老师，真"牛"！

春风

温老师虽有时严厉，却关爱着同学。炎炎夏日，我发了高烧，去找老师时，已是晚上。他十分焦急，立刻打电话给校医，并迅速给我披了件外套，又摸了摸我的额头，他做的一切让我感到心安，温暖。不一会儿，校医来了，他和校医又陪着我去拿药，一路上，虽然我生病精神状态不好，但他宽慰的话语从我心上吹过，像春风，安抚着我。第二天，我已经好多了，我却看到温老师的双眼布满血丝……温老师如春风，抚慰着我们的心灵、身体，温老师，真"牛"！

春雨、春雷、春风，润学、醒人、慰心。温老师，你是我们班的"牛人"，像春天一样，永远爱着我们。我们的时光，如春天一样，充满活力！

〔点评〕

本文要写班里的"牛人"，小作者把目光聚焦到温老师身上。选取的材料从三个方面分别体现了温老师的教学能力高超、严而有威、关爱学生。选取的内容是日常生活中的小事，剪裁精当。如第一个事件，温老师只用一句话就让学生豁然开朗，这种高效的点拨是极高的教学艺术，小作者非常机敏地抓住了这个细节，使选材贴合中心。本文借"春天"来表现温老师，春雨、春雷、春风既是温老师"牛"的三个方面，又能让人联想到教师春风化雨、润物无声的师德，非常贴切。

江西师范大学附属中学　刘恺昕

准确连贯　流畅表达

——文从字顺（七下第五单元）

　　部编本语文教材七年级下册第五单元的《紫藤萝瀑布》《一棵小桃树》两篇文章为状物散文。作者对寄寓了情感、志趣的"景"或"物"进行描摹，语句连贯，思路清晰，是学习"文从字顺"的良好范例。如《紫藤萝瀑布》由花的"盛"写起，依次描写了花瀑、花穗、花朵，再自然回想起十多年前家门外的那株紫藤萝，从而引发对生命的感慨。

　　本单元写作教学课例以赞教师入题，引导学生向课文学写作，归纳出"文从字顺"的写作技法。通过修改语段、品读名作、写作片段、完成习作四个任务活动，了解"文从字顺"的方法，评赏"文从字顺"的运用，练习"文从字顺"的技巧，从而达到提升"文从字顺"的能力这一终极目标。学习本课后，学生懂得了写作要用词恰当、妥帖，语句通顺畅达，才能有条不紊地表达思想感情。

学习目标

1. 理解"文从字顺"的涵义。
2. 提升推敲字句、理清思路的能力，进而提升"文从字顺"的能力。
3. 能将"文从字顺"运用于写作实践，养成"文从字顺"的习惯。

思维导图

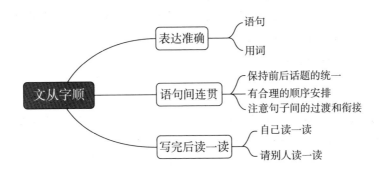

教学过程

一、导入

师：同学们好！今天很荣幸来到师大附中新龙校区，和同学们一起合作学习。听说七（3）班是优秀班级，是附中的栋梁。老师首先给同学们点个赞！听说咱们班的语文老师是大名鼎鼎的曹老师，我更是肃然起敬，因此特意写了一段话来表达我对曹老师的敬佩之情。

（屏显）

曹老师学为人师，行为世范。他性情温和亲切，见到同学们总是主动关心，从来没有一点儿架子。学生们提起曹老师，心里没有不敬佩的。他热爱教学工作，为了改善学生的语文水平，每天处心积虑地钻研教材。在他们的心里，曹老师就是辛勤的园丁！

如果大家觉得我写得不错，请帮忙给我点掌声鼓励一下，谢谢！

二、修改语段，了解方法

师：我发现有几个同学没有鼓掌。难道是你们发现了有什么不对的地方吗？请帮忙指出来。

1. 学生指出错误并修改。

2. 学生自读教材第 127 页，提取关键信息。

（1）什么是文从字顺？

文从字顺指的是语言表达清楚、明白、准确，行文通顺、流畅。

（2）要做到文从字顺，需要注意些什么呢？

①首先，语句表达要准确，避免产生歧义。

行文要符合语法规范，没有语病。（搭配不当、语序不当、褒贬不分等）

②其次，要注意语句间的连贯。

a. 保持前后话题的统一。

b. 有合理的顺序安排。

c. 注意句子间的过渡和衔接。

③最后，写完后自己要读一读，或请别人来读一读、听一听有没有错误。

3. 出示修改后的语段，学生们齐读。

（屏显）

曹老师学为人师，行为世范。他热爱教学工作，为了提高学生的语文水平，每天呕心沥血地钻研教材。他性情温和亲切，见到同学们总是主动关心，从来没有一点儿架子。学生们提起曹老师，心里没有不敬佩的，在他们的心里，曹老师就是辛勤的园丁！

三、品评名作，完成运用

师：如果把曹老师比作园丁，那请问应该把同学们比作什么？（花朵等）

让我们怀揣爱花、惜花之情，带着对"文从字顺"的理解，一起品读下面两段话，任选其一，分析好在哪里。

文段一：从未见过开得这样盛的藤萝，只见一片辉煌的淡紫色，像一条瀑布，从空中垂下，不见其发端，也不见其终极。只是深深浅浅的紫，仿佛在流动，在欢笑，在不停地生长。紫色的大条幅上，泛着点点银光，就像迸溅的水花。仔细看时，才知道那是每一朵紫花中的最浅淡的部分，在和阳光互相挑逗。

——（节选自《紫藤萝瀑布》）

点拨：

①话题统一。"瀑布""大条幅""最浅淡部分"，中间没有变换描述对象。

②语句准确。"泛着"搭配"点点"；"点点"引起"每一朵"；"最浅淡"中"最"的限制；"挑逗"突出了景物特征等。

③顺序合理。从整体到局部（花瀑、花朵）；从上到下；概括到具体（"盛"字统领）；从色泽到形态；从外形（实）到内涵（虚）。

④衔接自然。"不见"后接"也不见"；三个"在"；"只见"和"仔细看时"等。

女生齐读，体会本语段"文从字顺"的特点。

文段二：雨还在下着，我的小桃树千百次地俯下身去，又千百次地挣扎起来，一树的桃花，一片，一片，湿得深重，像一只天鹅，眼睁睁地羽毛剥脱，变得赤裸的了，黑枯的了。然而，就在那俯地的刹那，我突然看见那树的顶端，高高的一枝儿上，竟还保留着一个欲绽的花苞，嫩黄的，嫩红的，在风中摇着，拌着满身的雨水，几次要掉下来了，但却没有掉下去，像风浪里航道上的指示灯，闪着时隐时现的嫩黄的光，嫩红的光。

——（节选自《一颗小桃树》）

点拨：

①话题统一。"小桃树""一树桃花""花苞"，中间没有变换描述对象。

②语句准确。"挣扎"突出艰难;"剥脱"突出凋零;"竟"表达惊喜;"欲绽"修饰"花苞";"时隐时现"符合"风浪里"等。

③顺序合理。从整体到局部(一树的桃花、一个花苞);由抑到扬(突出中心:小桃树生命力顽强);从外形(实)到内涵(虚)。

④衔接自然。"又"衔接"俯下"和"起来";"然而"衔接内容上的"折"和"扬"等。

男生齐读,体会本语段"文从字顺"的特点。

小结:紫藤萝、小桃树分别在宗璞和贾平凹的笔下大放异彩,展现出各具情态的美。这与两位作者抓住特点、融入感情、紧扣文从字顺是密不可分的。

四、写作练习

一花一世界,一叶一菩提。大自然带给了我们太多的感动和启迪。

1. 选择你喜欢的景或物,写一个片段。想好再下笔,注意语句的连贯、顺畅。不少于200字。

(1) 注意观察景或物的特别之处,如形状、色彩等。

(2) 可以借鉴《紫藤萝瀑布》和《一棵小桃树》描写景物的方法。

2. 学生4~6人一组,按照"文从字顺"要求,小组内互评、互改。

3. 全班选出3~5位学生代表上台展示、交流。

4. 师生共同点评,提炼、归纳要点。

五、完成习作,提升能力

1. 对照评价量表

评价项目	自 评	他 评
①用词准确,表达无歧义,符合语境,妥帖得体	☆☆☆☆☆	☆☆☆☆☆
②句子无语病,句与句连贯流畅,紧扣中心	☆☆☆☆☆	☆☆☆☆☆
③段与段之间逻辑严密,过渡自然,详略得当	☆☆☆☆☆	☆☆☆☆☆
④条理清晰,角度紧扣中心	☆☆☆☆☆	☆☆☆☆☆
⑤读起来顺畅,不拗口,不含混	☆☆☆☆☆	☆☆☆☆☆

说明:明确写作对象,并抓住描述对象的主要特征,注意用词准确,衔接自然,思路清晰。鼓励学生调动多感官或运用多种修辞手法进行描写,力求写出景物的内在神韵。

2. 示例点评

珍藏在我心中的那棵小树

进入初中，我日渐感到身上的压力越积越多，让人喘不过气来，步伐越来越快，仿佛身边的景色也黯淡了下来。若不是这场沁人心脾的雨，我恐怕会一直匆忙地走下去。

刚下完雨的天空，乌云始终不见消散，如同我的心情一样阴沉。行走在冷清的街道上，偶尔瞥见几个与我一样行色匆匆的人。忽然，不知手中的伞被什么绊了一下，我抬起头，原来是一簇树枝。树枝简直可以用细若蚊足来形容，瘦弱得无半点生机。虽说路边的树木都不是特别粗壮，但这棵树最粗壮的主干部分用一只手就可以完全握住。年轻的外貌，却有着斑驳的树皮，仿佛一阵微风就可以使这棵樟树倒下。然而向上望去，它使我震撼了：如此瘦弱矮小的树，竟长出如此繁茂的绿油油的叶子！它得汲取多少营养，付出多少努力，耗费多少心血啊！

雨后的露水在嫩叶上滴落出完美的弧线，嫩叶已被雨水冲刷得油亮油亮的，这一片一片的绿色，宛如绿宝石一般晶莹剔透，散发出动人的光芒。仿佛我身边的原本的昏暗，霎时间，被这一抹绿色点亮了。

如果树的主干粗细是早已注定的，那么能够成就树的美丽的，无论是叶还是枝，都是树的骄傲。在它面前，原先内心的阴沉，让我羞愧。

就算生活总会给予你这样或那样的不足，请不要灰心。就好比，每个人的起跑线虽然不同，但第一个到达终点的，并不一定是那个先出发的人，每个人的命运都掌握在自己的手中。

如此寻常的一棵树，却带给我许许多多的沉思，给予我人生的信念，赋予我新的启迪，使我久久无法忘怀。它在我人生的白纸上添了一抹鲜艳夺目的绿色，永远珍藏在我的心中……

〔点评〕

作者以细腻的笔触细致地描绘了"那棵小树"的生命状态——树枝"细若蚊足""瘦弱得无半点生机"，树干"用一只手就可以完全握住"，树皮"斑驳的"，叶子"油亮油亮的""宛如绿宝石一般晶莹剔透"，按照一定的条理顺序写，做到了"文从字顺"，从而为下文抒发感受做了铺垫。

本文主要运用了托物言志的写作手法，通过细致地描写"那棵小树"的生命形态，表达了"生活虽然有各种不足，但不要灰心，因为每个人的命运都掌握在自己的手中"这一主题思想。

江西师范大学附属中学　勒三宝

不蔓不枝　简明清晰

——语言简明（七下第六单元）

　　"语言简明"是部编本初中语文教材七年级下册第六单元的单元写作要求。语言简明的本质要求是用最精简的语言材料传递最大的信息量，且准确和可理解，达到最佳的表达效果。简，即简要、简洁。明，即明白，清楚。

　　本单元写作教学课例以学校活动"活字体验"为背景依托，以团委约稿为情境导入，引导学生试着用简明的语言介绍自己在活动中获得的体验和感悟。通过修改病文、方法总结、充实评分量表等活动，有步骤地让学生逐步掌握语言简明的写作方法，从而运用到后续的写作中。

学习目标

1. 了解语言简明的基本要求，体会"简明"的内涵。
2. 总结阅读和写作经验，把握使语言简明的方法技巧。
3. 修改习作，使其更加简明，培养良好的写作习惯。

思维导图

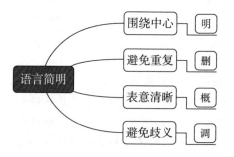

教学过程

一、导入新课，勾连实际

　　师：我们这个学期在年级里举行了"活字"体验活动，引起了学校团委的关注。为了更好地宣传学校的教学特色，展现初一学子学习生活的趣味性，学校公众号编辑部向我班同学发出了约稿启事。

（屏显）

约稿启事

"课本走进生活"活动的成功举办，引发了年级组和学校的高度关注。在本次活动的筹备与展出的过程中，或许你有印象深刻的事，或许你有探究发现，或许你还有理解、感悟，学校公众号现面向各年级同学征集相关稿件。

稿件征收对象：初一全体学生。

稿件主题："课本走进生活"特展相关经历、感悟或探究发现。

稿件要求：字数不限，文体不限。

收稿时间：即日起至 6 月 20 日。

稿件投送：纸质稿投送至学校公众号编辑部办公室。

欢迎各班同学积极投稿。

学校公众号编辑部

2024 年 6 月 12 日

这则《约稿启事》的语言表达特点引起了学生的兴趣。请学生回顾学习经验，探究征稿启事等应用文体在语言表达上的特点。

二、明确目标，感知特点

明确：应用文的语言具有简洁明了的特点。

请学生翻开课本第 157 页，阅读语言简明的含义与基本要求。

怎样做到语言简明呢？首先，行文时要围绕中心来写，不旁生枝节。其次，在没有特殊的表达需要时，要避免词语的重复。再次，不要堆砌词语。

根据语言简明的含义与基本要求，可以总结出一些语言简明的评价标准。

"语言简明"评价量表

写作目标	自 评	他 评
行文能围绕中心，不旁生枝节	☆☆☆☆☆	☆☆☆☆☆
无特殊表达需要时，避免词句重复	☆☆☆☆☆	☆☆☆☆☆
用词准确，不堆砌形容词	☆☆☆☆☆	☆☆☆☆☆
表意明确，没有歧义	☆☆☆☆☆	☆☆☆☆☆

说明：将"语言简明"从四方面进行限定，①围绕中心；②避免重复；③用词准确；④表意明确。评价不应过分追求语言的生动性和华丽性，并据此评价量表来制定写作评价目标。

三、评价修改，总结方法

（一）片段写作修改

1. 请学生依据"语言简明"评价量表，写作征稿片段。（15分钟）

2. 展示学生创作示例，根据"语言简明"评价量表，进行修改。

（屏显）

①今天我参加了年级组的"课本里的非遗文化"特展活动。②活动现场很热闹，人声鼎沸，各种声音挤成一团，熙熙攘攘，摩肩接踵。③我们运用集体的智慧在网上购买了塑胶字印体验活字排版和印刷。④体验的同学可以制作个性化的活字印刷品，可能以前大家在别的地方也拿到过别的个性化制作品，但参与体验的同学拿到个性化的活字印刷品都很开心。⑤一个班负责一个展区，大家都把自己班负责的展区准备得很充分。⑥在几个班级的展区中，我觉得体验感受最好的还是我们班，因为我们设计了活字体验区！⑦展览在夕阳的余晖中结束了，我站在自己班的展区前，看着参展完的同学们一个个都离开，有一种从前从来没有体会过的满足。

1. 句子修改

①活动现场<u>很热闹，人声鼎沸，各种声音挤成一团，熙熙攘攘，摩肩接踵</u>。

这句话描写了活动现场的情况，"很热闹""人声鼎沸""各种声音挤成一团""熙熙攘攘""摩肩接踵"词语堆砌，需删减。

②<u>我们运用集体的智慧在网上购买了塑胶字印体验活字排版和印刷。</u>

这句话表意不够明确，可改成几个短句。

③体验的同学可以制作个性化的活字印刷品，<u>可能以前大家在别的地方也拿到过别的个性化制作品，但参与体验的同学</u>拿到个性化的活字印刷品都很开心。

"可能以前大家在别的地方也拿到过别的个性化制作品"与中心无关，应该删去；从语言连贯顺畅考虑，前一分句删去后，不存在转折关系，需要删去"但"；"参与体验的同学"表达不够简洁，可用"大家"代替。

④<u>一个班负责一个展区</u>，大家都把自己班负责的展区准备得很充分。

"一个班负责一个展区"和"自己班负责的展区"表达重复，可以删去"自己班负责的展区"。另，从语言连贯、通畅的角度考虑，还需要删去"把"。

⑤<u>在几个班级的展区中</u>，我觉得体验感受最好的还是我们班，因为我们设计了活字体验区！

"在几个班级的展区中"出现歧义，应改为"在所有展区中"。

⑥展览在夕阳的余晖中结束了，我站在自己班的展区前，看着<u>参展完的</u>同学们<u>一个个都</u>离开，有<u>一种从前从来没有体会过</u>的满足。

"参展完的"和前文"展览结束"表意重复，需删去；"一个个"和"都"重复，可以删去一处；"从前从来没有体会过"可用成语"前所未有"来概括。

改稿1：

①今天我参加了年级组举办的"课本里的非遗文化"特展活动。②活动现场人声鼎沸。③我们事先在网上购买了塑胶字印，让参观者可以体验活字排版和印刷。④体验的同学可以制作个性化的活字印刷品，大家拿到个性化的活字印刷品都很开心。⑤一个班负责一个展区，大家都准备得很充分。⑥在所有展区中，我觉得体验感受最好的还是我们班，因为我们设计了活字体验区！⑦展览在夕阳的余晖中结束了，我在自己班的展区前，望着同学们一个个离开，有一种前所未有的满足。

请学生通读修改后的语段并思考，修改后的语段是否能够让读者容易明白。

2. 句段修改

从整个句段来看，记叙参加特展的感受，可以选择先整体后局部的逻辑顺序，将第⑤⑥句介绍整体情况的语句移到第②句后，从而理清行文的思路。另外，第④句"体验的同学可以制作个性化的活字印刷品"与前一句"体验活字排版和印刷"表意重复，可以删去。

改稿2：

①今天我参加了学校的"宋韵今辉"特展活动。②活动现场人声鼎沸。⑤一个班负责一个展区，大家都准备得很充分。⑥在所有展区中，我觉得体验感受最好的还是我们班，因为我们设计了活字体验区！③我们事先在网上购买了塑胶字印，让参观者可以体验活字排版和印刷。④大家拿到个性化的活字印刷品都很开心。⑦展览在夕阳的余晖中结束了，我在自己班的展区前，望着同学们一个个离开，有一种前所未有的满足。

（二）方法总结

总结使文章语言简明的方法：

1. 无关/重复/堆砌──→删去重复、赘述的词句。

2. 歧义/杂糅──→明确表达意图。

3. 叙述见长——→运用成语、代词、简称等加以概括。

4. 思路不清——→调整顺序，符合逻辑。

语言简明的修改既要考虑句子间的关系，还需要考虑语句是否连贯、通顺，修改完后还要再读一读。

在总结方法的基础上，请学生进一步优化"语言简明"写作评价量表。

写作评价量表

	写作目标	自　评	互　评
基本要求	行文能围绕中心，不旁生枝节	☆☆☆☆☆	☆☆☆☆☆
	避免词句重复	☆☆☆☆☆	☆☆☆☆☆
	用词准确，不堆砌形容词	☆☆☆☆☆	☆☆☆☆☆
	能用成语、代词、简称等使语言简明的表达形式	☆☆☆☆☆	☆☆☆☆☆
	表意明确，没有歧义	☆☆☆☆☆	☆☆☆☆☆
高阶要求	思路清晰	☆☆☆☆☆	☆☆☆☆☆

说明：在前一个评价量表的基础上，增加评价目标，细化评价体系，使评价方案更清晰、更易操作。

（三）难点突破

请学生总结写作修改的经验，并思考，语言简明是否意味着字数越少越好？

展示选自课文的语句并思考：是否可以将下列划线处的文字修改得简洁些？

（屏显）

A. 我们在田野上散步：我，我的母亲，我的妻子和儿子。

——莫怀戚《散步》

B. 鲁迅先生从下午两三点钟起就陪客人，陪到五点钟，陪到六点钟，客人若在家吃饭，吃过饭有必要在一起喝茶，或者刚刚喝完茶走了，或者还没走就又来了客人，于是又陪下去，陪到八点钟，十点钟，常常陪到十二点钟。从下午两三点钟起，陪到夜里十二点，这么长的时间，鲁迅先生都是坐在藤椅上，不断地吸着烟。

——萧红《回忆鲁迅先生（节选）》

明确：两处选文都不可修改。修改后反而不能表现出作者的表达意图。

A句中，"我""我的"强调"我"在家庭中的作用举足轻重，"我"是全家的顶梁柱，"我"很重要，"我"不仅要尊老爱幼，还代表了中年人的担当意识与强烈的家庭责任感。

B句中，反复强调时间，并运用细节描写展现陪客的过程，强调了鲁迅先生陪客人的时间之长，间接表现了鲁迅先生平易近人、交友广泛和他日常事务的繁忙，体现了鲁迅先生的热情好客、真诚耐心，流露出作者的崇敬之情。

由此可见，简明与否不能单纯地以字数多少为标准，而应立足于表达的需要。

江西师范大学附属中学　谢　今

重要事件　永恒定格

——新闻写作（八上第一单元）

　　新闻写作与一般的写作不同，特别是消息写作有明显的特征，其格式、结构和各部分都有明确的要求。本单元写作任务是让学生了解新闻，学会新闻采访，掌握新闻稿的写法。

　　根据语文学科的学习需要，对于本单元写作学习实践，教师采取的是学习共同体合作的方式，即把班内学生分成七个学习小组，小组合理分工，保证每个成员都参与其中。

学习目标

　　1. 学习阅读不同体裁的新闻作品，掌握新闻的构成要素、特点，养成阅读新闻的习惯。

　　2. 掌握新闻采访技巧，完成采访；掌握撰写新闻稿的写作方法，撰写新闻稿。

　　3. 开展互评、修改活动，提高写作质量。

思维导图

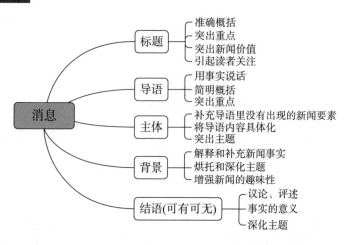

教学过程

一、课堂导入

校刊《触梦》联合校广播站将举办"校园头条"评选活动，邀请全校学生参加。为争得头条，需同学们深入理解并掌握新闻的特点和写法，并按照写新闻的要求，根据任务完成采访，撰写新闻并进行播报。

二、学习任务一　新闻阅读

教师引导学生了解消息写作时应如何安排结构。

学生思考并讨论，小组合作探究。

（1）首先，确定一个恰当的标题。标题要准确概括消息的主要内容，尽可能重点突出、简洁醒目，以引起读者的关注。

（2）合理安排正文的结构。消息的正文一般包括导语、主体、背景和结语四部分。

①导语：用简要的文字，集中呈现最重要、最新鲜或最有特点的新闻事实，揭示消息的要旨，吸引读者进一步阅读文章。

②主体：消息的主要部分。它承接导语，具体叙述新闻事实，提供更详尽的信息；有时还要阐述导语所揭示的主题，或回答导语中提出的问题。

③背景：指消息所报道事实的历史情况和环境条件，通过对比、说明和阐释，使报道更加具体和深入。背景一般暗含在主体中，也可放在导语和结尾部分。

④结语：消息的最后一句或最后一段话。有时候对全篇做小结，以加深读者的印象；有时候阐释发展趋势，以引起读者的注意。

⑤附加部分——电头，指放在导语前面的或是用括号的形式介绍发稿通讯社、发稿时间及发稿记者等情况的文字。

写作消息时，应该怎样合理安排消息的结构？

明确：首先，消息正文的结构通常是按照重要性递减的原则安排的，即所谓的"倒金字塔结构"。导语部分集中讲述最重要的新闻事实。接下来，随文章的展开，事实的重要性逐渐减弱。如果有相关的背景材料，一般放在新闻事实的后面。

然后，要写好导语。导语是消息的核心，也是消息这一新闻体裁的重要特征。

最后，要注意语言的准确、简练、易懂。在此基础上，可适当讲究生动形象。

三、学习任务二　新闻采访

1. 教师组织学生以小组为单位召开新闻采访选题会，确定报道的题材，制定采访方案。报道的题材要有意义、有价值，能彰显正能量，反映学生生活的热点话题、重大事件等，如学校的中高考情况，学校代表队参加区运动会比赛相关赛程、结果，学校"融研学"活动，暑期夏令营活动……

选材评价量表

及　时	真　实	有价值	正能量
☆☆☆☆☆	☆☆☆☆☆	☆☆☆☆☆	☆☆☆☆☆

2. 草拟新闻采访提纲。采访提纲没有固定的形式，一般包括采访的时间、地点、对象、目的、方式等。另外，还要注明采访需要的器材用具。采访提纲的主要内容是预先拟好的采访问题。所提问题要具体、客观，有针对性，问题之间要有一定的逻辑联系。可以提前阅读一些访谈类文章，看一些有关采访的视频以作参考。

示例：

采访提纲

时间、地点	
采访对象	
采访目的	
采访方式	
采访用具	
采访问题	

新闻采访提纲评价量表（自评）

评价内容	完全参与	部分参与	没参与
新闻素材的收集			
新闻素材的整合			
拟写采访提纲			
采访录制、剪辑			

注：在对应选项处打"√"。

新闻采访提纲评价量表（互评）

评价内容	完全做到	基本做到	没做到
采访礼节			
主题鲜明			
问题明确、有价值			
过程完整			

四、新闻写作

（一）拟好醒目的标题

新闻标题的写作要求：

1. 准确概括主要内容

2. 重点突出、简洁明了

3. 突出新闻价值

4. 引起读者关注

课文范例：

《我三十万大军胜利南渡长江》

何人（何物）＋何事

示例：

冰雪资源何时多何处多　　中国气象局发布冰雪资源数据

　　光明日报北京 11 月 10 日电（记者崔兴毅　通讯员陈青昊）滑雪与气象条件紧密相关。今年的滑雪季即将到来，全国冰雪资源何处多？日前，中国气象局公共气象服务中心综合多种气象指标发布了冰雪资源数据，为滑雪爱好者和滑雪场经营者打造了一把"冰雪资源量尺"。

　　"理论雪期越长，滑雪季也将越长。"气象专家介绍，从基于国家级气象站的历史常年（1991 年—2020 年）气象观测数据计算年均理论雪期长度看，华北北部、东北、新疆中北部、青藏高原中北部每年平均理论雪期在 50 天以上；东北地区中部和北部、新疆北部、青藏高原中西部等地为 100 天以上，部分地区理论雪期最长可以达到 165 天左右。在理论雪期内，黑龙江大部、吉林东部、新疆北部的部分地区年均降水量能够达到 35 毫米以上，部分地区可以达到 50 毫米以上，这意味着这些地方冬季降雪充沛，具有优良的开展以自然降雪为基础的滑雪活动的条件，分布着众多滑雪场。

　　冬三月各地适宜滑雪的天数是多少？气象专家强调，当天的天气状况也决定着是否适合滑雪。研究表明，地表雪温为－5℃时最适宜滑雪，太高或太低都不好，风太大也不行。另外，和很多人想象中的不一样，下雪的时候不一定适合滑雪，这是因为下雪时能见度会降低，阻挡视线，看不清前方的状况。

具体来看：每年的 12 月，黑龙江、吉林、河北、新疆滑雪场滑雪适宜天数达 25 天以上，基本全月适宜滑雪；1 月，是一年中最寒冷的时段，黑龙江、吉林、新疆、内蒙古、河北的滑雪场全月适宜滑雪；2 月，天气开始转暖，但是在新疆、黑龙江、吉林的滑雪场滑雪适宜天数还能达到 25 天以上，河北张家口滑雪场全月也有一半时间适宜滑雪。

（二）拟写导语

导语是消息的第一句话或第一段，是消息的核心，导语要用简洁的语言，陈述新闻事实中最重要的部分：可以直接简述新闻事实，也可以表现场面、描写细节、渲染气氛、简述故事等。

导语写作的要求：

1. 用事实说话

2. 简明概括

3. 突出重点

课文范例：

瑞典国王和挪威诺贝尔基金会今天首次颁发了诺贝尔奖。

何人＋何时＋何地＋何事

示例：

| 何地 | | 何事 | | 何时 | 何人 |

光明日报北京11月10日电（记者崔兴毅　通讯员陈青昊）滑雪与气象条件紧密相关。今年的滑雪季即将到来，全国冰雪资源何处多？日前，中国气象局公共气象服务中心综合多种气象指标发布了冰雪资源数据，为滑雪爱好者和滑雪场经营者打造了一把"冰雪资源量尺"。

（三）充实主体

消息的主体紧承导语，是消息的主要部分，具体叙述新闻事实，提供更详尽的信息。

主体写作的要求：

1. 补充导语中没出现的新闻要素

2. 将导语内容具体化

3. 突出主题

示例：

"理论雪期越长，滑雪季也将越长。"气象专家介绍，从基于国家级气象站的历史常年（1991年—2020年）气象观测数据计算年均理论雪期长度看，华北北部、东北、新疆中北部、青藏高原中北部每年平均理论雪期在50天以上；东北地区中部和北部、新疆北部、青藏高原中西部等地为100天以上，部分地区理论雪期最长可以达到165天左右。在理论雪期内，黑龙江大部、吉林东部、新疆北部的部分地区年均降水量能够达到35毫米以上，部分地区可以达到50毫米以上，这意味着这些地方冬季降雪充沛，具有优良的开展以自然降雪为基础的滑雪活动的条件，分布着众多滑雪场。（数据内容）

冬三月各地适宜滑雪的天数是多少？气象专家强调，当天的天气状况也决定着是否适合滑雪。研究表明，地表雪温为−5℃时最适宜滑雪，太高或太低都不好，风太大也不行。另外，和很多人想象中的不一样，下雪的时候不一定适合滑雪，这是因为下雪时能见度会降低，阻挡视线，看不清前方的状况。（补充内容）

具体来看：每年的12月，黑龙江、吉林、河北、新疆滑雪场滑雪适宜天数达25天以上，基本全月适宜滑雪；1月，是一年中最寒冷的时段，黑龙江、吉林、新疆、内蒙古、河北的滑雪场全月适宜滑雪；2月，天气开始转暖，但是在新疆、黑龙江、吉林的滑雪场滑雪适宜天数还能达到25天以上，河北张家口滑雪场全月也有一半时间适宜滑雪。（具体数据）

五、写作实践

学生以小组为单位组队参加"校园头条"评选活动，完成新闻采访并完成新闻稿。

1. 对照评价量表

评价项目	自　评	他　评
内容符合"学校头条"	☆☆☆☆☆	☆☆☆☆☆
标题主题突出、简明	☆☆☆☆☆	☆☆☆☆☆
导语简明概括	☆☆☆☆☆	☆☆☆☆☆
主体内容具体	☆☆☆☆☆	☆☆☆☆☆

说明：学生参照评价量表对自己的写作进行自我评价或相互评价后，从而达到有效修改的目的。同时评价量表将消息的结构性知识进行了呈现，有助于学生对文章的掌握。

2. 示例点评

赣港澳心连心（正标题）
——港澳青少年团访问江西师大附中（副标题）

校通讯社7月25日电7月24日，2024同心·赣港澳青少年交流活动启动仪式暨三地青少年文艺联欢会在江西师范大学举行。来自江西和港澳地区的400余名青少年参加活动。（导语）江西作为祖国大陆距离港澳地区最近的内陆省份既是港澳地区"西进"和"北上"的重要通道，也是广大港澳同胞旅游休闲、投资兴业的热土。活动当天，附中学子分组带领香港学子访问附中、游历南昌体验南昌文化、感悟江西风采。65个小组的足迹覆盖了八一广场、万寿宫八大山人纪念馆、VR科技中心国家重点实验室和小平小道陈列馆等。附中学子满怀热情邀请香港青少年朋友们品尝三杯鸡、瓦罐汤、拌粉等江西美食，还准备了精美的陶瓷工艺品和南昌文创产品等伴手礼。我校学生代表柯雄凯表示，有幸接待了来自香港的同学们，一起探索了南昌这座英雄城的历史与文化。香港学生代表梁凯琳表示，江西是中国革命根据地，这里走出了许多革命先烈。这次活动不仅能参观红色旅游景点，还能与当地青少年交流学习。今年是同心·赣港澳青少年交流基地第九年举办交流活动，也是首次举办三地青少年文艺联欢会。400余名三地青少年通过展示各自才艺来表达对祖国的热爱，抒发对民族的自豪，展现出青春的活力。（主体）截至目前，我校已连续参与了八届赣港澳青少年交流活动，有力提升了我校的对外形象。（结语）

〔点评〕

本则新闻内容符合"校园头条"的写作要求，事件与学校师生相关，同时事件也具有新闻价值。该新闻消息的格式规范，新闻标题简明，准确地概括了消息内容。导语则用最简明的语言把消息的核心内容告诉了读者。消息的主体部分详细地介绍了此次活动开展的过程以及参加活动的同学对此次活动的评价。消息的最后则强调了交流活动对于学校的重大意义。这则新闻消息行文规范，对学生撰写新闻消息有一定的指导意义。

江西师范大学附属中学　刘明华

生平真实　展现特征

——学写传记（八上第二单元）

　　本单元的表达训练要素是学写人物传记。传记是记述人物生平、生活、精神的作品，要求"真、信、活"，以达到对人物特征、精神的刻画和呈现。

　　八年级学生写人物传记，容易写成单纯的写人记事的记叙文。写好人物传记，要在概括人物形象、选取典型事例、表现人物独特言行等方面下功夫。因而，前期要做功课，收集、积累较多的相关资料，写出来的文章才能展现人物特征，给人真实、可信之感。

　　教材单元的四篇人物传记节选可作为学生学习的范文，如《列夫·托尔斯泰》在调侃托尔斯泰外貌的基础上，透过他的眼睛，展示出他"天才灵魂"的深邃、伟大，想象丰富，文气酣畅；《美丽的颜色》记述了居里夫妇提取镭的过程，有丰富的细节描写。写作指导部分还对"传记"的特点及写法有相关解读，都值得学生阅读、学习。

学习目标

　　1. 掌握人物传记的特点及一般写法，明确传记必须具备真实、合理想象等特点。

　　2. 尝试给自己或身边人写传记，记录其主要经历、典型语言和重要行为，展现人物品格。

　　3. 通过学写传记，培养学生的核心素养。

思维导图

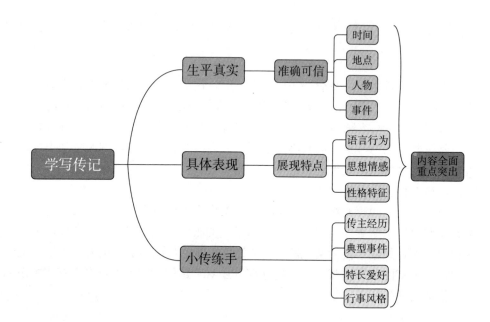

教学过程

一、情境导入

　　学校近期开展"校园明星"评选活动，可敬的校长、可亲的班主任、优秀的班干部入选本次"校园明星"候选人。请学生选择其中一位，为其写一则小传，展现其魅力。

二、明确概念

　　走进文本，了解传记。

　　1. 请学生自学《学写传记》，结合示例，了解传记的特点、要求、写法，明确写作要点。

　　2. 明确什么是传记。传记是记述人物生平、生活、精神的作品，要求"真、信、活"，以达到对人物特征和精神的刻画和呈现。

　　3. 交流总结，明确写人物传记的方法，即真实叙述与人物相关的时间、地点、事件。叙述人物事件时，要用细节具体表现人物的言行，展现人物的思想感情、性格特征等。

三、训练过程

（一）范文借鉴，寻找特征

1. 结合老舍给自己写的小传《著者略历》，学生合作交流：如何写好人物小传？并在范文旁标记写作方法。

舒舍予，字老舍，现年四十岁，面黄无须。生于北平，三岁失怙，可谓无父。志学之年，帝王不存，可谓无君。无父无君，特别孝爱老母。布尔乔亚之仁未能一扫空也。幼读三百千，不求甚解。继学师范，遂奠教书匠之基。及壮，糊口四方，教书为业，甚难发财；每购奖券，以得末彩为荣，示甘于寒贱也。二十六岁，发愤著书，科学哲学无所懂，故写小说，博大家一笑，没什么了不得。三十四岁结婚，今已有一女一男，均狡猾可喜。闲时喜养花，不得其法，每每有叶无花，亦不忍弃。书无所不读，全无所获，并不着急。教书作事，均甚认真，往往吃亏，亦不后悔。如是而已，再活四十年也许能有点出息。

2. 根据老舍的《著者略历》，完成下列表格。完成后与小组成员交流，探讨内容是否全面，是否符合要求。（见下表）

人　物	基本情况	主要经历	特长爱好	性格特点	人物述评
老舍	姓名年龄 无父无君 儿女各一	幼读三百千 教书为业	闲时养花 发愤著书 博人一笑	吃亏不悔 谦虚博学	教书做事 均甚认真
校园明星					

3. 从老舍的《著者略历》中，了解人物传记的相关知识。

明确：写好人物传记，要从人物的主要经历中提取典型事迹，且内容真实、细节丰富，用细节展现人物的特征和精神。

（二）抓住特征，口述小传

1. 让学生说说心中的"校园明星"是谁。同桌交流，确定自己的写作对象。

2. 引导学生收集描写对象的基本信息、主要经历（典型事例）和细节特征。

3. 根据人物基本信息、主要经历和言行特征，口述传主小传，体现传主特点并进行人物述评。

示例：

八一班班长王琳同学，是闻名全校的小明星。他不仅学业成绩优异，还在体育、艺术和社会活动等多方面表现出众，深受师生的喜爱。

王琳的各科成绩经常名列前茅，尤其是物理，经常在竞赛中获得冠军。他学习物理时，重视把课本和实践结合起来，思维敏捷，遇到难题总能快捷地找到解题思路。王琳的英语成绩也比较出色。由于他每天坚持练习听力，时常找机会与外国客人交流，英语口语水平和成绩都快速提升，并且在英语口语比赛中获得佳绩。

除了成绩好，他还是一位运动健将。学校运动会上，他多次夺得 400 米、800 米中长跑第一名。而且他是学校篮球队长，多次带领学校篮球队在市级篮球赛上获得好名次。

艺术方面，王琳也很有天赋。他擅长素描，寥寥几笔，就能勾勒出栩栩如生的人物。他还颇有音乐天赋，在学校的文艺会演上，常展现他优美动听的歌喉。

王琳不仅是班长，也是学校的志愿者协会成员。他经常参与各种慈善募捐，为贫困家庭捐款捐物，经常组织各种志愿者活动，为老人们洗刷、打扫卫生……

总之，王琳不但成绩很优秀，而且篮球技艺高、有艺术天赋、社会活动积极，更重要的是他谦逊好学，是一颗闪亮的校园明星。期待着他在未来之路上，继续闪耀光芒！

（三）抓住特征，拟写提纲

1. 根据教材"写作实践"部分，让学生选择其中一个实践任务，拟写传记提纲，要求突出写作要点。

2. 根据提纲进行写作，题目自拟。要求：①介绍传主的基本情况；②叙述传主的典型事件；③突出传主特有的动作、神态等细节，引用传主语言（口头禅）。

四、实践演练

选择一个"校园明星"（校长、班主任或优秀班干部）或扩大一些范围，给某一历史名人撰写小传（350 字以上），并配上人物照片，进行展示。

1. 对照评价量表

评价项目	评价标准	评　价
①生平真实	时间、地点、事件真实	☆☆☆☆☆
②事例典型	事例典型，合理想象，生动展现传主的性格特征、思想感情	☆☆☆☆☆
③创意表达	引用传主的语言（口头禅），突出传主特有的动作、神态等细节	☆☆☆☆☆
④人物述评	对人物品行、业绩进行简要评价	☆☆☆☆☆

说明：学生参考评价量表，从生平真实、事例典型、创意表达、人物述评等四个方面对文章进行修改。此外，还可利用此评价量表对习作进行自评，明确优缺点。

2. 示例点评

邓稼先小传

邓稼先，一个响亮的名字，中国核武器理论的奠基人，一个为中国核事业奉献一生的伟大科学家。

1924 年，邓稼先出生在安徽怀宁的一个书香门第。他从小聪慧过人，热爱学习，尤其对数学和物理有着浓厚的兴趣。1937 年，抗日战争爆发，年仅 13 岁的邓稼先目睹了祖国山河破碎，人民流离失所，心中燃起了强烈的爱国热情，立志要科学救国。

1941 年，邓稼先考入西南联合大学物理系，师从吴有训、叶企孙等著名教授，打下了坚实的物理学基础。1948 年，他远赴美国普渡大学留学，仅用两年时间，年仅 26 岁，就获得了博士学位，被称为"娃娃博士"。

新中国成立后，邓稼先毅然放弃美国优越的科研条件和生活待遇，回到祖国怀抱，投身到新中国的建设中。1958 年，他受命领导核武器的理论研究工作，从此隐姓埋名，开始了长达 28 年的秘密科研生涯。

在极其艰苦的条件下，邓稼先带领科研团队，克服了重重困难，攻克了一个又一个技术难关。他常常废寝忘食，夜以继日地工作，即使身患重病，也依然坚持在科研一线。1964 年，中国第一颗原子弹爆炸成功；1967 年，中国第一颗氢弹空爆试验成功。邓稼先为祖国的核事业做出了不可磨灭的贡献，是两弹之父，被誉为"两弹元勋"。

1986 年，因长期接触放射性物质，邓稼先身患癌症不幸逝世，年仅 62 岁。邓稼先的一生，是奉献的一生，是光辉的一生！他用实际行动诠释了"热爱祖国、无私奉献，自力更生、艰苦奋斗，大力协同、勇于登攀”的“两弹一星”精神，他是中华民族的骄傲，是值得我们永远学习的好榜样！

〔点评〕

这篇小传语言流畅，结构清晰，抓住邓稼先生平中的典型事例，展现了他为祖国核事业无私奉献的伟大精神。文章开头简洁明了，对人物总评；中间部分按照时间顺序，详细叙述了邓稼先求学、回国和科研等经历，重点突出，详略得当；结尾对人物进行综合述评，升华主题，表达了对邓稼先的崇敬之情。同时，文章能够运用“聪慧过人”“娃娃博士”“两弹元勋”等四字词语，增强了文章表达的创意和感染力。

鹰潭市第八中学　吴保魁

山水入眼　情景在心

——学习描写景物（八上第三单元）

学习描写景物是部编本语文教材八年级上册第三单元的写作实践课，本单元的课文，如《三峡》《答谢中书书》《与朱元思书》《记承天寺夜游》《钱塘湖春行》等，皆为歌咏山水的优美篇章，且从多个角度对景物进行了生动地描写。"学习描写景物"这一作文主题要求写作时，要从多个角度观察，调动多种感官，按照一定的顺序，借助修辞、联想、想象等写作手法，融入自己的情感。本次写作抓牢"写景抒情"这一主线的拓展延伸，提炼写景文章的共性，即抓住景物特点，努力用语言文字营造立体感、画面感，同时在山水中寄托自己的人文情怀，从而达到直觉体悟的审美效果。

八年级学生在描写景物时，大部分学生只会对景物作简单的叙述，不善于抓住事物的特点，也不善于调动多种感官进行描写以及还没有掌握多种表达方法使文章内容生动形象。本次写作实践就是要指导学生提高写作水平，使语言表达具有生动性，情景交融。

学习目标

1. 通过观察，抓住景物的主要特征。
2. 运用多种写景的方法，多感官、多角度、有层次地描写景物。
3. 尝试描写景物时恰当地融入情感，表达独特的感悟。

思维导图

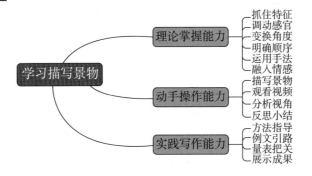

教学过程

一、新课导入

师：高山原野，让我们感受到胸怀的博大；朝晖夕阳，让我们领悟到时光的变迁；花开叶落，让我们品味到季节的更替。世间万物千姿百态，四季景色美不胜收，如何让这些美从笔尖流淌出来呢？今天就让我们一起来探讨如何观察和描写景物。

（设计意图）用美景打动学生，激发学生学习的兴趣及对美景的喜爱之情，为后文的写作奠定基础。

二、厚积薄发，探秘籍展佳作

师：今天是我们一年一度的"小导游招聘会"，欢迎大家来到我们的招聘现场，我们将通过大家的精彩对决，选拔出"红色小导游"，来宣传我们的井冈山，为江西省红色文化旅游宣传贡献自己的一分力量！

（设计意图）此情境的创设可以使学生感受到学习形式的创新性和学习内容的可视化，让他们能充分融入有趣、具体的课堂环境中进行学习，从而激发学习兴趣，提高学习效率。

1. 红色小导游考核目标

考核目标一：理论掌握能力

考核目标二：动手操作能力

考核目标三：实践写作能力

（设计意图）三个考核目标的设计由浅入深，意在一步步引导学生先掌握描写景物的方法，然后能够把这些写景方法消化、吸收并灵活运用于实践创作和写作中，达到字从句顺、语言流畅地把眼中的美景清晰地表达出来的效果。

2. 考核评价（见下表）

评价维度	评价要素
抓住特征	
调动感官	
变换角度	
明确顺序	
运用手法	
融入情感	

3. 考核实践

考核目标一：理论掌握能力

明确：

评价维度	评价要素
抓住特征	形状、颜色、声音、质地、冷暖、香臭、酸甜苦辣等
调动感官	视觉、听觉、嗅觉、触觉、味觉
变换角度	俯视、仰视、平视、近观、远望
明确顺序	时间顺序、空间顺序、逻辑顺序
运用手法	比喻、拟人、排比等修辞手法；发挥联想和想象；正面侧面相结合；动静结合；虚实结合；点面结合
融入情感	借景抒情、情景交融，融入喜、怒、哀、乐等情感

（设计意图）利用考核"理论掌握能力"这一形式，引导学生梳理教材第三单元描写景物的方法，并从整体上把握各种写景方法中所包括的具体要素，为后面的创作及写景奠定基础。

考核目标二：动手操作能力

1. 井冈山是国家 AAAAA 级旅游景区，全国重点文物保护单位，请学生运用景物描写的方法，并结合视频拍摄的知识，展示井冈山多方位的美。

2. 播放井冈山官方宣传视频。

明确：拍摄者从仰视的角度拍摄了井冈山的近景，从俯视的角度分别拍摄了井冈山的远景、中景、全景，从平视的角度拍摄了井冈山的特写，视频给人强烈的冲击力，让人有身临其境之感。

考核目标三：实践写作能力

请学生参考视频拍摄的手法并结合所学的描写景物的方法，为自己喜欢的图片拟写优美的文案。

1. 方法指导（见下图）

2. 范例引路

示例：

井冈山的景色美不胜收。清晨，太阳初升，群峰在阳光的照耀下生机盎然，绿树成荫，山峦如画。傍晚，夕阳西下，层林被染成了金黄色，山上的野花在微风中摇曳。

3. 展示学生所写的优美文案

4. 教师总结

本节课教师教授学生由点及面地学习如何描写景物。首先掌握理论知识，明白写景作品中可以包含的要素及切入角度。随后通过观察视频，学生发现同一景物在不同视角下的不同状态。在片段写作中激发学生的写作热情。最后让学生参照考核评价表，从景物特征、调动感官、变换角度、明确顺序、运用手法、融入情感等方面进行评价，明确自己的写作层级。从自评到互评再到最后的教师评价，明确文章的修改方向和角度。

三、实践演练

1. 对照评价量表

评价维度	评价要素	分　值	评价分数
抓住特征	形状、颜色、声音、质地、冷暖、香臭、酸甜苦辣等	10	
调动感官	视觉、听觉、嗅觉、触觉、味觉	10	
变换角度	俯视、仰视、平视、近观、远望	10	
运用手法	比喻、拟人、排比等修辞手法；发挥联想和想象；正面侧面相结合；动静结合；虚实结合；点面结合	10	
明确顺序	时间顺序、空间顺序、逻辑顺序	10	
融入情感	借景抒情、情景交融，融入喜、怒、哀、乐等情感	10	
注：57分以上为优秀；50～56分为优良；42～49分为合格			

说明：根据评价量表的具体评价标准、层级，让学生明确自己的作文水平层级，明确自己要在哪些方面下功夫，并认真修改，提高写作水平。

2. 示例点评

窗外

在我的卧室里，有一扇窗，窗很大，四四方方的。

窗外长着一棵树，不知是什么品种，只见树身挺拔、坚韧。一根细枝探出，是它伸来轻叩我窗的小手。

正值深秋，秋意正浓。它不再像从前那样意气风发，张扬地抖擞它茂密的绿叶了。秋风是群顽皮的孩子，总绕它打转，给绿叶一片一片刷上黄色，又轻轻将它们纷纷吹落。我看见枯黄的树叶打着旋飘落，越积越多。

不久后，冬天接了秋天的班。冬天是个坏脾气，风强盗似的呼啸而过，将它所剩无几的叶子洗劫一空，只剩下光秃秃的树干。原本伸来的小手也在寒风的肆虐中被折断。现在的它像一位垂暮的老人，佝偻着身子，当初朝气蓬勃的样子也在记忆里渐渐湮灭。

这棵焕发不出一点生机的树，依旧傲然挺立着，像是与什么做着无声的较量，究竟是什么呢？

春天来了又去，在盛夏里的某个夜晚，我却猛然惊醒，蓦地看向窗外，只见一株细枝捎带着未干的雨水沿着半开的窗户伸了进来。月影斑驳，夜色正好，它就这么急急地到来，像赴一个迟到的约会。自那天起，我又开始关注它，它长得更好了，枝叶茂密，也更高了，像一把利剑要划破苍穹，我不禁感慨这变化。我能想象，它在那个寒冬后的春天势如破竹地疯长，汲取绵绵春雨的每一次滋润，抽芽、长叶，直至获得新生，它依旧挺拔、修长、坚韧，只要根还在，它就能不断"重生"。曾经的疑问也终于有了答案，它抗争的，正是命运也是生。它更是芸芸众生的一个缩影。任凭生活百般摧残、万般磨炼，总会苦尽甘来。

我家有一扇窗，窗外有一棵树，它伸出一株枝干，刚好牵住我迷茫的手，它是我见过最好的树。

〔点评〕

本文开门见山，点明写作对象：窗外之物——一棵树。文章中多处通过运用拟人、比喻等修辞手法，生动形象地写出了树的"新生"，全文运用欲扬先抑的手法，表达在生活中我们也应"与命运、生活抗争"，不可自暴自弃。全文借景抒情，立意深刻，值得学习借鉴。

南昌凤凰城上海外国语学校　徐鸿波

语言要连贯　句段巧衔接

——语言要连贯（八上第四单元）

本单元写作教学课例是"语言要连贯"，这完全符合《义务教育语文课程标准（2022年版）》对八年级学生的要求，即"能根据表达的需要，围绕表达中心，选择恰当的表达方式。合理安排内容的先后和详略，条理清楚地表达自己的意思"。

"语言连贯"是指语言的表达要注意词与句、句与句、段与段、段与篇的联系、衔接与呼应自然，语意连续贯通。在七年级下册第五单元的写作教学课例"文从字顺"中已为此次写作训练做好了铺垫，其中有提到"要注意语句间的连贯"。通过本单元写作教学课例的写作训练，不仅有助于学生处理好句子之间、段落之间的衔接过渡，也可以进一步让文章的整体思路清晰，结构完整。

学习目标

1. 了解语言连贯的含义。
2. 向课本学写作，归纳总结让语言连贯的常用方法，学以致用。
3. 通过语言连贯训练，培养学生的核心素养。

思维导图

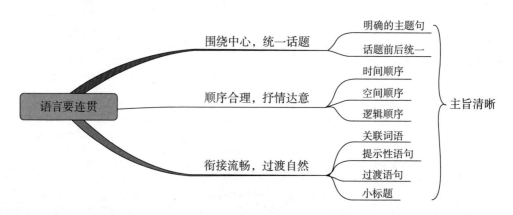

教学过程

一、导入环节

教师展示校园图片，请学生仔细看，并用一个完整的语句来表达所看见的校园风光。教师请学生注意，用词和句子间准确的表达是今天学习写作的基本要求，即语言要连贯。

二、训练过程

（一）素材积累与选择

1. 创设情境，激发兴趣

师：今年学校迎来五周年校庆，为此学校公众号将开设"礼赞欣悦"的校庆特辑，邀请在校师生、毕业学子以及广大家长朋友们不吝笔墨、踊跃投稿。

要求：前后话题统一，有主题句，语句、语段间衔接过渡自然。

2. 明确方向，选择材料

教师向学生明确此次作文征稿需要有确定的主题，行文前后应保持话题统一，能够运用语言连贯的常用方法，做到语句、语段间衔接过渡自然。写完后可以自查：①语段中是否有主题句；②语段中哪些语句可删除；（不符合主题以及显得累赘的部分）③句子是否有序；④段落之间是否紧密、流畅。

（二）构思及预写

1. 研读范文，归纳写法

请学生快速阅读以下经典文段，思考并归纳出语言连贯的常用技法。

示例1：

雨季的果子，是杨梅。卖杨梅的都是苗族女孩子，戴一顶小花帽子，穿着扳尖的绣了满帮花的鞋，坐在人家阶石的一角，不时吆唤一声："卖杨梅——"，声音娇娇的。她们的声音使得昆明雨季的空气更加柔和了。昆明的杨梅很大，有一个乒乓球那样大，颜色黑红黑红的，叫做"火炭梅"。这个名字起得真好，真是像一球烧得炽红的火炭！一点都不酸！（节选自汪曾祺《昆明的雨》）

语言连贯的技法之一：

语句、语段应围绕中心，语段前后话题统一，且有主题句，一目了然。如围绕"昆明的杨梅"这个话题展开段落，主题句为"雨季的果子，是杨梅。"

示例2：

至于夏水襄陵，沿溯阻绝。或王命急宣，有时朝发白帝，暮到江陵，其间千二百里，虽乘奔御风，不以疾也。（节选自郦道元《三峡》）

语言连贯的技法之二：

语句、语段应合理运用时间、空间、逻辑顺序，可使得语意连贯、自然流畅，言之有序，如从"朝发白帝"到"暮到江陵"。

示例 3：

然而刹那间，要是你猛抬眼看见了前面远远有一排——不，或者只是三五株，一株，傲然地耸立，像哨兵似的树木的话，那你的恹恹欲睡的情绪又将如何？我那时是惊奇地叫了一声的。

那就是白杨树，西北极普通的一种树，然而实在是不平凡的一种树！（节选自茅盾《白杨礼赞》）

语言连贯的技法之三：

语句、语段间恰当运用关联词、提示性语句、过渡语句，增强了语句、语段的连贯感。如运用关联词"然而"表示转折关系；用过渡句"那就是白杨树，西北极普通的一种树，然而实在是不平凡的一种树！"来承上启下。

示例 4：见下表。

《太空一日》小标题	我以为自己要牺牲了
	我看到了什么
	神秘的敲击声
	归途如此惊心动魄

语言连贯的技法之四：

语段间巧妙使用了小标题，将多个材料分门别类地组织起来，连缀成篇。既概括了内容，突出了中心，又层次分明、条理清晰。如《太空一日》通过四个小标题写了四个方面的内容，体现了宇航员科学严谨、英勇无畏、意志坚定、不怕牺牲的航天精神。

2. 搭建支架，拾级而上

先写好片段（出示一段描写校园一景的文字材料，学生根据支架进行修改完善）

老樟树下，是一片青石铺就的小广场，石桌石凳散布其间。老樟树的根须蜿蜒而出，如同大地的脉络，给予这片土地生命力。课间，同学们三三两两围坐于此，低声交谈的，埋头读书的，静静地坐着的，享受着这片刻的宁静。

方法一：为这个片段明确主题句，适当调整语序，使语段前后话题统一。

讨论：本段主题应是老樟树下的学生活动，可以增添一句主题句；第二句调整为最后一句，学生在树下的活动正对应着樟树"给予这片土地生命力"。

修改：

老樟树下，是一片青石铺就的小广场，石桌石凳散布其间，<u>这里是学生们</u>

休憩的好去处。课间，同学们三三两两围坐于此，低声交谈的，埋头读书的，静静地坐着的，享受着这片刻的宁静。老榕树的根须蜿蜒而出，如同大地的脉络，给予这片土地生命力。

方法二：合理运用时间顺序，恰当运用关联词、提示性语句、过渡语句，为语段增强连贯感。

讨论：可以用时间变化的词语体现时间顺序；在句中增加关联词和过渡语句等。

修改：

老樟树下，是一片青石铺就的小广场，石桌石凳散布其间，这里是学生们休憩的好去处。早晨大课间，同学们三三两两围坐于此，有的低声交谈，有的埋头读书，还有的只是静静地坐着，享受着这片刻的宁静。老榕树的根须蜿蜒而出，如同大地的脉络，给予这片土地生命力。

老榕树，不仅是一棵树，更是学子们情感的寄托。

傍晚时分，夕阳的余晖为老树披上了暖色的外衣。柔和的光晕洒在树干上，树下的石凳也仿佛被赋予了温度。偶尔，会有晚归的同学在此停留，仰望大树，思考人生的方向。

再写好一篇文章

请在"我_____读书日"中的画线处补充一个字，使之语意完整，然后以此为标题，结合自己的经历或思考、感悟，写一篇不少于 800 字的文章。

（三）评价及修改

1. 对照评价量表

评价标准	评 价
①出现明确的主题句，话题前后统一	☆☆☆☆☆
②合理运用时间、空间、逻辑顺序	☆☆☆☆☆
③恰当运用关联词、提示性语句、过渡语句	☆☆☆☆☆
④巧妙使用小标题	☆☆☆☆☆
⑤能充分使用表达方式，抒情达意	☆☆☆☆☆

说明：作文评价量表可帮助学生进行自我评估，了解自己在哪些方面做得好，哪些方面还有待改进，从而有针对性地提高自己的写作技能，培养批判性思维和自我反思能力。同时，当学生看到自己的进步时，会更加积极地参与写作活动。再者，教师亦可根据评价量表中的评价结果，为不同作文水平的学生提供个性化的指导和支持，做到因材施教。

2. 示例点评

我与读书日

如果站在我的生命之路上，朝前看，向后望，你会看到有那么一个日子，它是我黑暗路上手提的灯笼，闪烁的烛光陪伴我一路走来。这个日子就是"世界读书日"。

初闻·无感

第一次知道"世界读书日"是在搜索大文豪莎士比亚的生平时，我了解到莎翁在 4 月 23 日这一天出生和去世，点击"4 月 23 日"的词条，我发现这一天也是"世界读书日"。"世界读书日"于我并不陌生，学校几乎每年都会在这一天举行各种各样的阅读活动。每次我都是随便听听，感觉台上激情澎湃的演讲是空洞的老生常谈；那一份份傲人的阅读报告，在我看来是一种炫耀。我心里不屑地想：阅读这种小事，有必要专门设立节日来宣扬吗？

再见·倾心

记得七年级时的"世界读书日"，我和朋友正在逛书店，当时被主题为"阅读最是寻常而高贵的"的演讲所吸引，当即便找了个前排的座位坐下来听演讲。

演讲者是一位中学老师，他手拿一本《鲁迅文集》，我心中立即升腾起一种别样的敬意，因为阅读鲁迅是我的梦想。他说："书籍的丰富和普及已让阅读成为全社会呼吁的热点话题，但我认为越是标榜，就越说明阅读的欠缺和不足。阅读本应如吃饭、喝水、人的呼吸一样，自然平常，关乎生命……阅读是用来雕琢灵魂的……"每一句话都击中我的疑问，我激动不已。

我被这次演讲唤醒，开始反思自己对读书日的误解。读书日不再是一年一度的简单节日、空洞口号，它成了我对自己的要求，日日读书，时时读书。从那天起，我开始把读书真正当作了每天的"吃饭""喝水"。随着我的阅读之路步步延伸，从莫言到塞万提斯，从曹雪芹到莎翁，从巴金到雨果……我从阅读中获得的精神食粮越来越丰富，我也越来越倾心徜徉于浩瀚的书的海洋。

余生·陪伴

现在，每当我对阅读有所松懈时，读书日那天的演讲就会在耳边回响——"阅读最是寻常和高贵的"。成长路上，我会和书籍做伴，与梦想同行。读书日，成了我的光，让我常怀进取之心，常存求知之欲。

我和读书日就像是一对好朋友，未来很长，我们一定会互相陪伴，互相激励，并肩前行。

〔点评〕

本文语言流畅，思路清晰。作者以"世界读书日"为契机，始终围绕"读书日"这个中心展开自己与阅读的故事。

　　小作者用小标题的形式呈现与读书日结识的三个阶段，文章行云流水，层层深入，步步推进。恰当运用时间顺序，多处使用关联词和提示性语句，从对"读书日"的态度和情感的明显转变，可见小作者在成长过程中的思考，从而增加了文章的深度和层次。

　　　　南昌市二十八中教育集团欣悦湖学校　刘佳妮

理事物特征　品说明之美

——说明事物要抓住特征（八上第五单元）

　　说明事物要抓住特征，这是部编本语文教材八年级上册第五单元的写作实践课。该单元阅读部分为五篇事物性说明文，分别从形状、色彩、构造、发展或意义等方面对静态的建筑、园林、绘画等事物进行了说明，从习性和成长历程的角度对动物进行了阐述，符合人们认识事物的普遍规律。学写说明文，需要能多角度观察生活，抓住事物特征，选择恰当的表达方式，合理安排详略，这样才能条理清楚地表达自己的感受和认识。

　　八年级的学生已有一定数量的说明文阅读的积累，但还缺乏对说明文是如何突出说明对象特点的细致分析。本次写作教学课例旨在指导学生如何抓住事物的特征，其中说明顺序、说明方法和结构是重点学习的内容。

学习目标

1. 通过写作训练，使学生明白什么是事物的特征。
2. 向课本学写作，学习抓住事物的特征来说明事物的方法。
3. 通过写作训练，培养学生观察事物的习惯。

思维导图

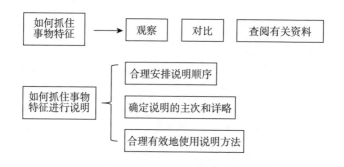

教学过程

一、导入环节

教师以花草树木、亭台楼阁等图片进行导入。

师：花草树木有自然之色，亭台楼阁有人文之韵，世间万物都有其特征，特征就是该事物区别于其他事物的独特之处。如果想在一篇说明文中将说明对象的特征淋漓尽致地体现出来，该怎么做呢？今天我们一起来探讨如何在说明文中抓住特征说明事物。

〔设计意图〕用照片让学生观察事物的不同特征，激发学生学习的兴趣及对观察事物特征的热情，为后面的写作训练奠定基础。

二、训练过程

（一）概念明晰，找准特征

1. 创设情境，激发兴趣

师："触梦"文学社新一期的征稿开始了，本期的主题是写一篇说明文来介绍南昌的古建筑，该怎么写呢？

学习要点：如何抓住事物特征进行说明。

〔设计意图〕此情境的创设可以使学生感受到学习形式的创新性和学习内容的实用性，让他们能充分融入有趣、具体的课堂环境中进行学习，从而激发其学习兴趣，提高学习效率。

2. 明确方向，抓住特征

教师以豆浆举例，让学生明晰可以通过观察、对比、查阅有关资料的方法抓住事物的特征。如先将豆浆和牛奶、水进行比较。通过仔细观察，让学生了解，豆浆是一种颜色偏黄的不透明液体。然后通过实践即亲自品尝，知晓豆浆是一种有豆香的、口感润滑的液体。如果要进一步了解豆浆，可以查阅资料，从而对豆浆的制作方法、营养价值等有更加全面、深入的了解。

〔设计意图〕通过豆浆的例子进行类比教学，明确如果要说明一个事物的特征，可以通过观察、对比、查阅有关资料等三种方法。

（二）构思及预写

1. 研读范文，归纳写法

①请学生快速阅读语文教材八年级上册第19课《中国石拱桥》，对照教师讲述的如何抓住事物特征的方法进行原句查找及分析，进而掌握如何抓住事物特征的常用技法。（见下表）

原　句	分　析	方　法
石拱桥的桥洞成弧形，就像虹	仔细观察桥洞形状，生动形象地说明石拱桥的造型优美	观察
永定河发水时，来势很猛，以前两岸河堤常被冲毁，但是这座桥极少出事，足见它的坚固	把卢沟桥和两岸河作比较，充分说明卢沟桥十分坚固	对比
《水经注》里提到的"旅人桥"，大约建成于公元282年，可能是有记载的最早的石拱桥了	查阅资料，了解中国石拱桥的发展历史	查阅资料

②明确事物特征后，如何安排材料以及组织语言也十分关键。请学生再次研读第19课《中国石拱桥》，完成下列表格，进而归纳"如何做到有效说明"。（见下表）

问　题	分　析	方　法
教材"思考·探究·积累"第一题	按照时间顺序列举石拱桥	合理安排说明顺序
《中国石拱桥》是如何说明赵州桥的？	介绍了赵州桥的历史和现状，重点放在它的结构特点上，集中说明了中国石拱桥"结构巧"的特点	确定说明的主次和详略
《中国石拱桥》中为了突出事物特征用了哪些说明方法？	打比方、举例子、引资料、列数字、摹状貌、作比较	合理有效地使用说明方法

〔设计意图〕以读促写，通过分析课文，了解如何抓住事物的特征进行说明。用课本示例，学会如何抓住事物特征的方法。

2. 搭建支架，拾级而上

课前请学生查找"滕王阁"的资料，让学生根据所查的资料写一段介绍滕王阁的背景文字或观点。课上教师播放滕王阁的相关视频。

①观察滕王阁的外貌（层数：六层）及每一层的主要陈列和展示物。

②对比滕王阁和黄鹤楼的外貌。（楼与阁，在古代是有区别的，楼是指重屋，阁是指下部架空、底层高悬的建筑。阁的平面，一般是近似方形，两层，有平坐。与阁相比，楼的平面更狭一些，但建筑总体更高，显得修长有

致。——文震亨《长物志》）

③查阅资料，明确滕王阁的历史。

④明确说明顺序。（空间顺序）

⑤明确说明的主次和详略。（历史为辅，外貌和内部构造、文化意义为主。）

⑥合理使用说明方法描述滕王阁的特点。

3. 写作训练

在我们的生活中，能看到各种各样的建筑，它们或外观独特，或历史悠久，或有重要的意义，或有特殊的功能。写一篇说明文，向大家介绍某一建筑。题目自拟。不少于 500 字。

说明：首先确认说明对象，可以是单体建筑也可以是群体建筑。要注意实地观察，找到该建筑的外观、结构、用途等的独特之处。合理安排文章的结构，先说建筑的总体特征，然后从几个方面分别说明该建筑的具体特征。

（三）评价及修改

1. 对照评价量表

评价项目	自　评	他　评
有明确的游览路线或表示方位的词语	☆☆☆☆☆	☆☆☆☆☆
详细说明 1～2 个建筑特色，能突出建筑的特征	☆☆☆☆☆	☆☆☆☆☆
运用了 3 种以上的说明方法	☆☆☆☆☆	☆☆☆☆☆
参观感受真挚、自然	☆☆☆☆☆	☆☆☆☆☆

说明：有关建筑物的说明文，需要准确运用方位词或点明游览路线的词语，清晰有序地引导读者领略建筑物的各个部分，使读者仿佛是跟随作者在游览。同时需要详细描述建筑的外观、内部结构、风格特点等，并深入挖掘其独特性与文化内涵，让读者对建筑特色有深刻的认识。还需要真切地表达出对建筑物的独特感受，情感真挚且自然，能引起读者的情感共鸣。

2. 示例点评

滕王阁

坐落在江西省南昌市赣江边的滕王阁，是一座蕴含深厚文化底蕴的古建筑。作为中国历史上著名的"江南三大名楼"之一，滕王阁不仅是南昌的象征，也是中华优秀传统文化的重要标志。它以其独特的建筑风格、深厚的文化内涵和众多文人墨客的题咏，成为人们心目中的文化圣地。

滕王阁的建筑风貌卓绝非凡，展现了中国古代建筑艺术的精华。阁楼为木质结构，主体建筑高六层，塔形立于方形基座之上，总高度超过60米。外观典雅中透着雄伟，每一层都装饰有精美的檐角和挂落，四角尖顶高翘，悬挂的风铃随着江风"叮咚"作响，悠扬之声宛若天籁。

滕王阁的每一层都按照不同的历史文化主题进行了布局，巧妙地将历史人文与建筑艺术融为一体。底层通常设有接待大厅和陈列室，展示着与滕王阁相关的历史文物和介绍材料，使游客能初步了解这座古楼的悠久历史。中层多为展览空间，展出包括古代家具、书画、诗词等在内的文物，使游客能更深入地感受到滕王阁厚重的文化底蕴。顶层则为观景台，站在此处，可以眺望周围的赣江美景，感受南昌的城市风光。

每年的传统节日期间，滕王阁都会举办各类文化活动和民俗表演，如端午龙舟赛、中秋赏月、重阳登高等，吸引大量游客和市民前来参与。这些活动不仅活跃了气氛，也进一步传承和弘扬了中华优秀传统文化。

滕王阁还是文人墨客留下珍贵文化遗产的地方。唐代诗人王勃在这里挥毫泼墨，写下了千古传颂的《滕王阁序》，留下了"落霞与孤鹜齐飞，秋水共长天一色"的绝美诗句。历代文人雅士亦多有题咏，使得滕王阁成为吟诗作对的胜地，为其增添了更多的文化内涵。

如今的滕王阁，已经成为南昌乃至江西的重要旅游目的地。它不断吸引着海内外游客前来瞻仰，不仅是为了欣赏其古代建筑之美，更是为了体验和学习中华优秀的传统文化。滕王阁如同一座历史的灯塔，照亮了人们对传统文化的追求和传承之路，并持续散发着历史的光辉。

总之，滕王阁是中华文化宝库中的一颗璀璨明珠，不仅因其卓越的建筑艺术和美丽的景色，更因其深厚的文化积淀和广泛的历史影响，成为人们向往和敬仰的地方。它不仅是一座楼，更是一段历史、一种文化、一份情感，深深地烙印在每一个走进它的人心中。

〔点评〕

本文从建筑风格和文化内涵等方面对滕王阁进行了说明，运用了列数字、打比方、引资料等多种说明方式，生动形象地说明了滕王阁的建造精巧以及深远的文化内涵。本文通过介绍滕王阁，培养民族自豪感和责任感，提醒人们要不断努力、追求卓越。本文体现出对于滕王阁的热爱与自豪，情感真挚深刻。

江西师范大学附属中学　陶　婕

到什么山头　唱什么歌

——表达要得体（八上第六单元）

　　表达要得体是部编本语文教材八年级上册第六单元的写作课，学生在此之前已经有一定的写作基础，如七年级学过写作要有真情实感，要多角度观察生活，抓住事物特征，有自己的感受和认识等内容。这节写作训练课，是教会学生写作文做到得体表达，这既是对以前学习的知识进行深化和细化，又能为以后的写作打下坚实的基础。

　　本课以"到什么山头，唱什么歌"为活动主题，通过新课导入、探究方法、实践演练等三个教学环节，引导学生在实践中运用得体的语言恰当表达，最终掌握写作表达得体的方法。

学习目标

1. 学习写作表达得体的方法。
2. 能够独立运用得体的语言恰当地表达。
3. 进行写作实践，在写作中加深对表达得体的体会。

思维导图

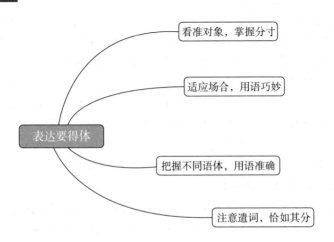

看准对象，掌握分寸

适应场合，用语巧妙

表达要得体

把握不同语体，用语准确

注意遣词，恰如其分

教学过程

一、新课导入

师：大家应该听说过这样一个故事，有一个人做东请客，客人陆续来了几个，还有几个人迟迟未到，于是他嘀咕道："该来的怎么还不来？"听了他的话，有客人借故离开了。他又说："这不该走的又走了。"慢慢地客人们都走了。同学们，你知道客人们为什么都走了吗？对，这个人说话不得体。怎样才能表达得体呢？今天我们就来探讨这个问题。

二、探究方法

1. 针对不同对象，掌握分寸

语言交际是双向的，既有说或写的一方，也有听或读的一方。因此，不能一厢情愿地想说什么就说什么，想写什么就写什么，而要从对象的年龄、职业、思想、性格等不同的特点出发，说恰当的话，即所谓"对什么人说什么话"。

例如"神舟五号"圆了中华民族的飞天梦，记者采访公众谈谈对此事的感想。若采访对象是中学生，他们大多会谈对未来的憧憬，如"'神舟五号'上天极大地激发了我们学习的兴趣，我们要以此为动力，好好学习，将来做一名科学家，让我们的神舟系列遨游太空。"若采访对象是中学教师，他们大多会谈理想任务，如"'神舟五号'上天鼓舞了中华儿女的士气，表明中国的科技在飞速发展，作为一名教育工作者，我们要积极投身于国家的教育事业，为我国科技发展再上新台阶做出自己应有的贡献。"

2. 适应不同场合，巧妙用语

交际的场合包括时间、地点、人物、氛围等，语言表达要与环境气氛相协调。若在喜庆的场合谈令人伤感的话，在庄重的氛围中"搞笑"，都是不得体的。所谓"到什么山头，唱什么歌"，指的就是要适应不同的场合，说话用语巧妙自然。如某饭店，在一位老先生的生日宴会上，其老友热情地点歌祝贺："西边的太阳快要落山了……鬼子的末日就要来到……"顿时主人听后容颜大变！尽管当时及时制止了乐曲继续演奏，但是整个现场气氛仍十分尴尬。点歌的朋友并非有意为之，却忽略了一个"日薄西山"的老人最敏感的就是"西边的太阳快要落山……"最担心的就是"末日就要来到"。

3. 把握不同语体，用语准确

在不同的语境中要运用不同的语言材料，以适应各自不同的交际需要。如电影《林则徐》中林则徐召见外商，申明中国政府严禁贩卖鸦片，说到如有违令者，"船货交公，人即正法"。有外商问："什么叫'正法'？"中国官员答："正法就是杀头。"前者林则徐说的是法令，因此应使用庄严典雅的"正法"二字；当有外商问话时，则用了浅显易懂的"杀头"二字回应。

4. 注意谦辞敬语，恰如其分

汉语中不少词语具有明显的倾向性，有的用于自谦，称为谦辞；有的用于对他人表示敬意，称为敬辞。谦辞和敬辞的正确使用是语言得体的一个重要内容，而且谦辞和敬辞都具有其特定的使用对象和使用范围，不能随意更改。

三、实践演练

(一) 写发言稿

1. 修改文稿

师：下面这段话是值日班长准备在班会发言稿中的一段，表达不够得体，试着修改一下。

原文：

我们班最近变化很大，卫生好了，纪律好了，学习成绩也好了，本月获得了年级"流动红旗"。之所以取得这样好的成绩，我认为主要归咎于小组长的管理。小组长管理很严格、很到位、很负责，我很欣赏，要充分肯定。

2. 技法点拨

修改文稿时，要注意文稿的使用目的、场合，应恰当地运用词语，还要看是否注意了文中提及对象的身份、词语的感情色彩等。（见下图）

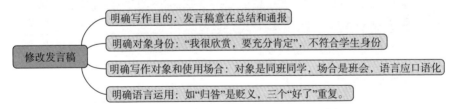

3. 对照评价量表（见下表）

评价项目	自 评	他 评
1. 描述对象准确	☆☆☆☆☆	☆☆☆☆☆
2. 符合交际场合	☆☆☆☆☆	☆☆☆☆☆
3. 用语准确	☆☆☆☆☆	☆☆☆☆☆
4. 谦辞敬辞使用得当	☆☆☆☆☆	☆☆☆☆☆

4. 示例

升格文：同学们，有没有发现我们班最近变化很大？我们班的卫生是不是干净了？课堂上是不是再也没有不遵守纪律的同学了？最让人高兴的是，我们班的学习成绩也提高了！正是因为有了这些变化，本月我们才获得了年级"流动红旗"。我想我们能取得这么好的成绩，主要归功于小组长的管理。小组长管理很严格、很到位、很负责，我们要由衷地感谢他们。

〔点评〕

①修改后词语使用更恰当。用三个问句引起听众的注意和思考，拉近与听众距离

②修改稿中对小组长的评价更符合学生的身份。

这段修改后的发言稿，不仅语言表达更流畅、亲切，更注意到了小组长的身份与词语的感情色彩，同时采用了口语化的语言，表达更得体。

（二）写邀请函

1. 文题

学生会计划开展"环境保护月"活动，准备邀请领导、专家学者、环保热心人士、家长和学校的师生代表等作为嘉宾参加活动的启动仪式。请你任选一个对象，以学生会的名义写一份邀请函。

2. 方法点拨

邀请函要体现书面邀请的正式性和对对方的尊敬，语言要简明得体。内容应介绍活动的时间、地点、主题等，如需对方发言也要一并提及。（见下图）

写邀请函
- 明确体例：包括标题、称谓、问候语、正文、署名和日期五部分
- 明确主题：主题应是"环境保护月"活动启动仪式。如果需对方发言，也应提及
- 明确身份：邀请人是学生会，被邀请人是领导、专家、热心人士、家长和其他学校师生
- 注意语言：对什么人说什么话

3. 对照评价量表（见下表）

评价项目	自　评	他　评
1. 描述对象准确	☆☆☆☆☆	☆☆☆☆☆
2. 符合交际场合	☆☆☆☆☆	☆☆☆☆☆
3. 用语准确	☆☆☆☆☆	☆☆☆☆☆
4. 谦辞敬辞使用得当	☆☆☆☆☆	☆☆☆☆☆

说明：评价量表是用来指导学生写作的，可以让学生对自己的习作进行评价。学生在自我评价中，可以清楚地知道自己的不足，知道需要在哪些方面下功夫，便于后期开展有针对性的训练，从而促进写作水平的提高。

4. 示例

①红旗中学"环境保护月"活动启动仪式邀请函

②尊敬的家长：

③您好！诚挚地邀请您出席红旗中学"环境保护月"活动启动仪式。

④5月4日上午10时，我校将在体育场举行以"珍惜资源，保护环境"为主题的"环境保护月"活动启动仪式，以增强全校同学的环保意识，为建设绿色校园、和谐校园贡献力量。您是环保方面的专家，在环保领域有远见卓识。我们诚挚地邀请您出席本次启动仪式，并做主题演讲，真诚地期待您为我校"环境保护月"活动增添浓墨重彩的一笔。

⑤红旗中学学生会

×年×月

〔点评〕

①活动名称＋邀请函，标题简明。

②邀请对象是家长，使用了敬语、问候语，称呼恰当。

③正文明了活动的目的、时间、地点、主题等，言简意赅。

④邀请函内容、要求明确，使受邀方有准备。

⑤写明了邀请单位及时间，格式完整。

此邀请函格式正确、表达得体。开宗明义地提出邀请，后介绍时间、地点、主题，最后提出要求。"尊敬的""您"等称呼表达了对家长的敬意；简练地说明了活动的目的、时间、地点、主题等，让人一目了然。

（三）写倡议书

1. 文题

在"环境保护月"活动中，你所在的班级将向全校师生发出倡议，倡导节约、低碳、环保的理念。请以班级的名义写一份倡议书。不少于500字。

2. 技法点拨

倡议书应介绍发出倡议的背景、目的，明确活动的主题、内容和要求，注意倡议书的使用场合、对象，做到表达得体。

	明确格式：标题+书信体;内容:背景+目的+要求+希望
写倡议书	明确内容：在"环保月"大背景下，倡导"节约、低碳、环保"的理念
	明确倡议者和倡议的对象，所在班级向全校师生发出，场合是学校
	明确倡议的语言、语体特色：得体+鼓动性

3. 对照评价量表（见下表）

评价项目	自 评	他 评
1. 描述对象准确	☆☆☆☆☆	☆☆☆☆☆
2. 符合交际场合	☆☆☆☆☆	☆☆☆☆☆
3. 用语准确	☆☆☆☆☆	☆☆☆☆☆
4. 谦辞敬辞使用得当	☆☆☆☆☆	☆☆☆☆☆

4. 示例点评

过低碳生活，做绿色公民
——"环境保护月"活动倡议书

红旗中学广大教师、学生朋友们：

你们好！

我们共同生活在这颗美丽的蓝色星球上，地球是我们唯一的家园。然而，随着人类社会的飞速发展，资源被过度消耗、环境污染等问题日益严重。以全球变暖为主要特征的气候问题日益显现，极端天气导致的事故增多、生态系统失衡加剧、农业生产减收严重……这一切，给人类的生存和发展带来重大危机。在这个充满挑战的时代，一场"低碳革命"正在全球悄然兴起，我们每一个人都有责任和义务为保护我们的家园贡献自己的力量。在"环境保护月"来临之际，我们八（1）班向全校师生发出倡议：

一、节约资源，从点滴做起

1. 节约用水。随手关闭水龙头，避免长流水现象。合理利用水资源，提高水的重复利用率，如用洗菜水浇花、用洗衣水冲厕所等。

2. 节约用电。离开教室、办公室等场所时，随手关灯、关闭电器设备。合理设置空调温度，夏季不低于26摄氏度，冬季不高于20摄氏度。尽量使用自然光，减少不必要的照明。

3. 节约用纸。提倡双面打印，减少纸张浪费。尽量使用电子文档，减少纸质文件的使用。用过的纸张可以回收再利用，如制作手工艺品或草稿纸。

二、低碳生活，减少碳排放

1. 绿色出行。尽量选择步行、骑自行车或乘坐公共交通工具出行，减少私家车的使用，这样不仅可以减少交通拥堵，还可以降低碳排放，保护环境。

2. 节约能源。合理使用电器设备，避免处于不必要的待机状态。购买节能产品，如节能灯、节能电器等，降低能源消耗。

3. 减少一次性用品的使用。自带餐具、水杯等，减少一次性餐具和塑料瓶的使用。购物时自带环保袋，减少塑料袋的使用。

三、倡导环保行动，共同守护家园

1. 垃圾分类。积极参与垃圾分类，将垃圾分为可回收物、有害垃圾、厨余垃圾和其他垃圾四类，分别投放。这样可以减少垃圾对环境的污染，实现资源的回收利用。

2. 爱护自然。不随地吐痰，不乱扔垃圾，不破坏花草树木。积极参加植树造林活动，为改善环境贡献自己的一分力量。

3. 宣传环保理念。向身边的人宣传节约、低碳、环保的理念，让更多的人加入环保行动中来。

老师们、同学们，让我们行动起来，从现在做起，从身边的小事做起，共同践行节约、低碳、环保的理念，为保护我们的家园，为建设美丽的地球贡献自己的力量！

过低碳生活，做绿色公民；绿色在延续，我们在行动！

红旗中学八（1）班

〔点评〕

这份倡议书，读来让人耳目一新。背景材料明确，理念清晰，能令广大读者领会和信服；内容具体，要求明朗，对"过低碳生活，做绿色公民"的呼吁很有指导意义；语言中肯，感情真挚，颇有号召力、警醒感，表达得体，倡议性强。

南昌市红谷滩区流湖义渡学校　徐秋霞

聚焦核心素养 培养仿写能力

——学习仿写（八下第一单元）

"学习仿写"是部编本语文教材八年级下册第一单元的作文要求。这一单元的文章，或表现风土人情，或展示传统文化习俗。让我们能够从中看到一幅幅民俗风情画卷，感受到多样的生活方式和多彩的地域文化，更好地理解民俗的价值和意义。教材要求从本单元已经学过的文章中选取仿写点，以课文作为仿写的指导，写出真情实感。同时，学生要学会综合运用各种表达方式，如叙述、描写、议论等。

本单元写作教学课例的重点是培养学生的仿写意识和习惯，激发学生的仿写兴趣，建立学生的仿写信心，提高学生的仿写能力。

学习目标

1. 明确仿写的概念，掌握仿写的方法，学会仿写的技巧。
2. 通过仿写课内外优美范文，培养仿写的思维习惯，提升思维能力。
3. 认真研读课内外优美的范文，通过仿写学会创作优美的文章。
4. 从仿写精美文章中学会观察生活，感受文化的魅力，提高语言的运用能力。

思维导图

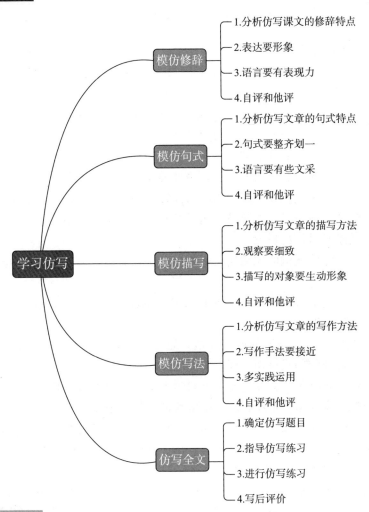

学习仿写
- 模仿修辞
  - 1.分析仿写课文的修辞特点
  - 2.表达要形象
  - 3.语言要有表现力
  - 4.自评和他评
- 模仿句式
  - 1.分析仿写文章的句式特点
  - 2.句式要整齐划一
  - 3.语言要有些文采
  - 4.自评和他评
- 模仿描写
  - 1.分析仿写文章的描写方法
  - 2.观察要细致
  - 3.描写的对象要生动形象
  - 4.自评和他评
- 模仿写法
  - 1.分析仿写文章的写作方法
  - 2.写作手法要接近
  - 3.多实践运用
  - 4.自评和他评
- 仿写全文
  - 1.确定仿写题目
  - 2.指导仿写练习
  - 3.进行仿写练习
  - 4.写后评价

教学过程

一、引用名言，导入课程

宋代哲人朱熹说："古人作文写诗，多是模仿前人而作之，盖学之既久，自然纯熟。"仿写，简单来说就是模仿范文进行写作。

二、明确概念，有的放矢

仿写是根据一篇优秀文章的篇章结构、写作思路、语言风格、写作手法等方面，有目的地进行模仿来写作一篇文章的方法，如学生要写春天的美丽，可以模仿朱自清先生在《春》中描绘的那几幅"图景"来写。

三、学习方法，掌握技巧

（一）模仿修辞

1. 比较《安塞腰鼓》中的原文语段与改写后的语段，说说原文有何特点，并思考这种修辞手法适用的场景有何特点？

原文：骤雨一样，是急促的鼓点；旋风一样，是飞扬的流苏；乱蛙一样，是蹦跳的脚步；火花一样，是闪射的瞳仁；斗虎一样，是强健的风姿。

改写后：急促的鼓点像骤雨一样，飞扬的流苏像旋风一样，蹦跳的脚步像乱蛙一样，闪射的瞳仁像火花一样，强健的风姿像斗虎一样。

明确：二者都运用了比喻和排比的修辞手法，但原文将喻体放在本体前面，突出喻体，渲染了安塞腰鼓的粗犷豪放；句式更短，节奏更快，更有利表现安塞腰鼓刚健雄浑的特点。

这种本体喻体颠倒的比喻句构成的排比段，更适合表现快速、激烈、宏大的场面。

2. 学生仿用以上修辞，描写军训会操的场面，然后展示、点评。

（二）模仿句式

1. 学生默读《灯笼》的原文片段，思考作者是运用了一个什么句式来展开记叙的，这样的句式有何好处。

原文：提起灯笼，就会想起三家村的犬吠，村中老头呵狗的声音；就会想起庞大的晃荡着的影子，夜行人咕咕噜噜的私语；想起祖父雪白的胡须，同洪亮大方的谈吐；坡野里想起跳跳的磷火，村边社戏台下想起闹嚷嚷的观众，花生篮，冰糖葫芦；台上的小丑，花脸，《司马懿探山》。真的，灯笼的缘结得太多了，记忆的网里挤着的就都是。

明确：提到（某物），就会想起……就会想起……想起……（地点）想起……（地点）想起……这样的句式把作者与灯笼有关的零散记忆串联起来，使文章记叙有条理，内涵更丰富。

2. 学生仿写家乡的某个场景，然后展示、点评。

（三）模仿描写

1. 小组讨论《社戏》中"月夜航船"的片段是如何通过景物描写来衬托人物心理的。

原文：两岸的豆麦和河底的水草所发散出来的清香，夹杂在水气中扑面吹来；月色便朦胧在这水气里。淡黑的起伏的连山，仿佛是踊跃的铁的兽脊似的，都远远地向船尾跑去了，但我却还以为船慢。他们换了四回手，渐望见依稀的赵庄，而且似乎听到歌吹了，还有几点火，料想便是戏台，但或者也许是渔火。

明确：抓住景物的基本特征，调动多种感官，多层次、多角度地表现出了景物的特点。妙用修辞手法，融入个人情思，烘托了人物的心情。

2. 学生进行片段写作训练《夏夜乘凉》，运用多种感官进行景物描写并表现人物的心理。

（四）模仿写法

1. 默读《灯笼》，思考：作者借"灯笼"这一核心物体，先后抒发了哪些情感？

明确：作者由小时候喜欢火、光过渡到灯笼，又由灯笼想起亲人的关爱，寄托作者对亲人的感激；想到乡情民俗，想到西汉霍去病、李广、唐代裴度等历代将领挑灯看剑、抗击敌人的情景，最后以一把燎原的烈火收尾，含蓄地表露出自己的爱国情思。

这种围绕一个物体，选择一个个典型的材料，多角度、多方面展开记叙的写法称为"一线串珠"法。如下图所示：

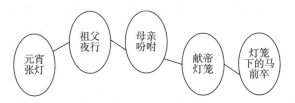

2. 请运用"一线串珠"法，以"妈妈的手"为线索，仿照上图，将全文的构思画出来。

四、实践演练，评价修改

1. 对照评价量表

内容 \ 等级	第三等级 能简单地模仿运用	第二等级 能大量进行模仿运用	第一等级 能创造性地模仿运用
模仿修辞			
模仿句式			
模仿描写			
模仿写法			

说明：学习仿写，要求学生在写作之前，能从修辞、句式、描写、写法等四个方面对给出的示例文章进行分析，得出需要仿写的点，再在写作实践中加

以运用，使得仿写的文章与示例文章有异曲同工之妙。

2. 示例点评

奶奶的脚步

在我的记忆深处，总有那么一双脚步，缓缓地，稳稳地，一步一步地走进我的心里，那是奶奶的脚步。

那是一个闷热的夏日午后，蝉在枝头嘶鸣，仿佛在宣泄着对炎热的不满。我因为生病，躺在床上昏昏沉沉。奶奶得知后，急匆匆地从乡下赶来。

当我听到那熟悉的脚步声在楼道里响起时，心中涌起一股莫名的安心。"咚——咚——咚——"那脚步缓慢而沉重，每一步都仿佛带着深深的关切。门开了，奶奶出现在我的眼前，她的脸上满是汗水，眼神中透着急切和担忧。

"孩子，怎么样了？"奶奶一边说着，一边快步走到我的床边，伸出手摸了摸我的额头。

奶奶开始为我熬粥，厨房里传来她忙碌的脚步声，"嗒嗒嗒，嗒嗒嗒"急促而有序。那声音像是一首动听的交响曲，让我原本烦躁的心渐渐平静下来。

不一会儿，奶奶端着一碗热气腾腾的粥走了进来。她的脚步变得小心翼翼，生怕粥洒出来烫到自己或惊醒了我。"来，孩子，慢慢吃。"奶奶坐在床边，看着我一口一口地把粥喝完，脸上露出了欣慰的笑容。

在我养病的日子里，奶奶每天都会陪在我身边。她的脚步在房间里来来回回，一会儿给我拿药，一会儿给我倒水，一会儿又轻轻地为我盖上被子。那脚步，如同轻柔的晚风，抚慰着我病痛的身躯。

病好后，我和奶奶一起去公园散步。奶奶走在前面，我跟在后面。她的脚步不再像从前那样矫健，略显蹒跚，但每一步都走得那么坚定。阳光洒在她的身上，地上的影子被拉得长长的。

"奶奶，您走慢点儿。"我说道。

奶奶回过头来，笑着说："孩子，奶奶老啦，走不快喽。"

那一刻，我望着奶奶的背影，心中一阵酸楚。那脚步，承载了多少岁月的沧桑，多少对我的疼爱啊。

如今，奶奶已经离开了我，但她的脚步却永远留在了我的记忆中。每当我想起奶奶，耳边仿佛就会响起那熟悉的脚步声，一步一步，走进我的心里，让我感到无比温暖。

〔点评〕

修辞：文章运用了比喻的修辞手法，如"那脚步，如同轻柔的晚风，抚慰着我病痛的身躯。"将奶奶的脚步比作轻柔的晚风，生动形象地表现出奶奶脚步带来的抚慰。

句式：文章句式多样，长短句结合，如"那是一个闷热的夏日午后，蝉在枝头嘶鸣，仿佛在宣泄着对炎热的不满。"长句描绘环境，"门开了，奶奶出现在我眼前"，短句简洁明快，推动了情节发展。

描写：文中有大量的动作描写，如"奶奶一边说着，一边快步走到我的床边，伸出手摸了摸我的额头。"通过"走""伸出""摸"等动作，细致地刻画了奶奶对"我"的关心。

写作手法：文章以"奶奶的脚步"为线索，贯穿全文，使文章结构清晰，主题明确。通过对奶奶脚步的描写，表现了奶奶对"我"深深的爱，以小见大，情感真挚。

江西师范大学附属中学　邓海龙

说明有顺序　作文有条理
——说明的顺序（八下第二单元）

　　"说明顺序"是部编本语文教材八年级下册第二单元的作文要求，说明顺序是指能充分表现事物或事理本身特征的顺序，也是符合人们认识事物规律的顺序。写好说明文，首先要抓住说明对象的特征，其次就是会运用合理的说明顺序。

　　为了充分说清事物的特征或者事理，写作时要注意使用恰当的说明顺序，从而使读者能够清晰地读懂、理解作者的意图，同时掌握所要传递的知识。说明顺序有时间顺序、空间顺序和逻辑顺序等。

学习目标

1. 了解说明文常见的三种说明顺序。
2. 结合学过的说明文，学习恰当地使用说明顺序。
3. 学会依据说明对象的特征，确定说明内容，运用恰当的说明顺序进行说明。

思维导图

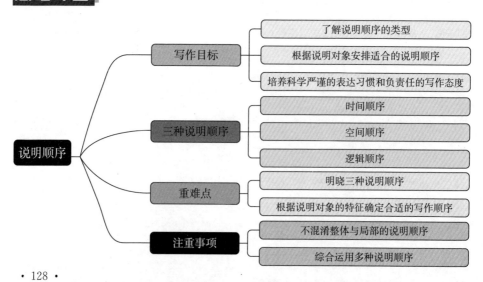

说明顺序
- 写作目标
  - 了解说明顺序的类型
  - 根据说明对象安排适合的说明顺序
  - 培养科学严谨的表达习惯和负责任的写作态度
- 三种说明顺序
  - 时间顺序
  - 空间顺序
  - 逻辑顺序
- 重难点
  - 明晓三种说明顺序
  - 根据说明对象的特征确定合适的写作顺序
- 注重事项
  - 不混淆整体与局部的说明顺序
  - 综合运用多种说明顺序

教学过程

一、导入环节

教师现场出题：你的表弟马上就要小学毕业了，准备到你现在所读的学校上初中，请你给他介绍一下你的学校。

就上述写作任务，教师让学生思考：你打算给表弟介绍学校的哪些方面？

二、学习支架

教师提示学生可以从学校整体环境和地理空间来介绍，或从学校教育、教学质量和师资情况等来阐述，或从学校特色等方面来说明，但根据说明的内容不同，所采取的说明顺序就会不同。

说明文所采用的说明顺序有以下三种：

1. 时间顺序：按照时间发展的先后顺序，介绍事物的发展变化过程、制作工序等。如《蝉》这篇文章即是根据时间顺序说明蝉的生活史，先由幼虫到成虫，然后成虫产卵后孵化幼虫，结束生命。

2. 空间顺序：按照空间的内外、远近、高低、上下、左右、整体布局等方位顺序，介绍建筑物或者物品等。如《故宫博物院》采取由外到内，沿着中轴线由南到北，由中间到两边的空间顺序进行描写。

3. 逻辑顺序：按照逻辑上的内在联系展开，常用于介绍事理。分别有：①从原因到结果；②从具体到抽象；③从主要到次要；④从简单到复杂；⑤从整体到局部；⑥从概括到具体；⑦从一般到特殊；⑧从现象到本质；⑨由浅入深；⑩从已知到未知。如《大自然的语言》的第一段是按时间顺序记叙春夏秋冬四季周而复始的变化，引出说明对象后根据从现象到本质的顺序写的，在说明影响物候现象的四个因素时，采取的是由主到次的逻辑顺序。

三、合作探究

1. 分组活动：将学生分为若干小组，每组分配一个说明主题（如"智能手机的功能介绍""校园的四季变化""地球自转与昼夜更替"等）。

2. 小组讨论：分析说明对象的特点，确定最合适的说明顺序。

3. 思维导图构建：利用思维导图软件或纸笔绘制文章的结构图，明确各部分的内容及顺序。

4. 口头汇报：准备一段简短的口头汇报材料，说明所选择的说明顺序及理由。

四、展示交流

各组派代表上台展示思维导图及口头汇报，其他同学可提问或补充。

教师点评，强调说明顺序的合理性和创新性。

写作实践中采取哪一种顺序并非一成不变，而是要视具体情况和要求而定。举例来说，对于同一个建筑物，由于关注的角度不同、介绍的内容不同，采用的说明顺序也会不同。如历史学家可能会从其始建年代、历史变迁等方面介绍，采用时间顺序；而建筑学家可能会从其专业的角度，介绍这座建筑的空间构成等，这就是空间顺序；美学家则会用欣赏的眼光去品鉴、审美，从其整体美感入笔，再到细微之处，采用的是逻辑顺序。

特别要注意的是，局部的说明顺序不等于是整篇文章的说明顺序，比如《中国石拱桥》，其全篇采取的是由一般到个别的逻辑顺序。而在举例说明中国石拱桥的"结构坚固，形式优美"的特点时，则以时间为序列举了旅人桥、赵州桥、卢沟桥和新中国成立后桥梁事业的发展；在说明取得这样成就的原因时，采取的是"首先，其次，再次"的逻辑顺序。因此在阅读和写作时，说明顺序的确定，是根据内容的需要来选择确定的。

五、写作实践

中秋节放假，你的好朋友曹云第一次来你家做客，但在出发前，不知道如何到你家，①请你在电话中有条理地介绍，让他不用向他人询问，就能准确到达你家。同时，为了热情招待好朋友，你做了一道红烧鱼，他吃得津津有味，也想回家尝试做一次，②请你介绍这道美食的制作过程。吃完饭，你们俩③就中学生沉迷网络游戏现象进行了探讨，并分析了产生这种现象的原因，对中学生防范沉迷网络游戏很有教育意义，请记录下来，以帮助同学们预防沉迷网络游戏。

请从①②③三个小要求中，任选一个，采用合理的说明顺序，写一篇小说明文，字数不少于300字。

1. 对照评价量表

评价项目	自 评	他 评
①字数符合要求，能体现说明顺序	☆☆☆☆☆	☆☆☆☆☆
②文从字顺，能根据说明内容合理选用说明顺序	☆☆☆☆☆	☆☆☆☆☆
③语言准确，逻辑严谨	☆☆☆☆☆	☆☆☆☆☆

说明：写作说明文，要选择什么样的说明顺序，是根据所要说明的事物或阐述的事理的特征来决定的。合理的说明顺序，有助于充分表现事物或事理本身的特征，也符合人们认识事物或事理的规律。

2. 示例点评

示例一

曹云，你好呀！别担心，我来详细告诉你怎么来我家，保证你一路顺畅，不用问路哦。

我建议你乘坐地铁，从你家出来，不远就是北京东路站，你坐地铁 2 号线（终点站是西安南路站），坐到南京大道站下，从 3 号出口出来，上到地面后，沿着南京南路直走大约 400 米，会经过一个红绿灯，穿过马路，走到对面后向右直行 100 米，你就会看到一个大型超市——"光明生活超市"，经过超市后就是我们小区的正大门了。从大门进入小区后，一直往里走，沿着主干道直走 300 米左右，你会经过两个花坛和一片儿童游乐区，在第三个路口右转，就能看到 16 栋楼了。单元门上有门牌号，找到一单元，坐电梯或爬楼梯到 601 室，就到我家啦。

〔点评〕

这个小练笔，小作者说明的条理很清楚，其运用了空间顺序，从起点（曹云家）到自己家的路线，说得很详细，恰当使用了表示方位的词语，还特别说到"超市""花坛""游乐场"等比较醒目的标识，便于识记。并且使用了"大约""左右"等词语，使表达更准确。

示例二

首先，准备一条新鲜的草鱼，大约 1.5 斤为宜，杀好、清洗干净后，在鱼身两侧各划几刀，便于入味，用厨房纸巾吸干鱼身上的水分，抹上少许盐和料酒，腌制 10 分钟左右。

接着，准备调料：生姜切片，大葱一根切段，大蒜几瓣拍碎，干辣椒几个（根据个人口味调整），还有八角、桂皮等香料少许。

热锅冷油，将腌好的草鱼放入锅中，煎至两面金黄且表皮微脆。这一步很关键，既能让鱼肉更加紧实，又能增加红烧时的香气。煎好后，将鱼盛出备用。

锅中留底油，下入切好的姜葱蒜、干辣椒和香料，小火煸炒出香味。随后，加入适量的老抽调色，生抽提鲜，白糖增味，再倒入一小碗清水或高汤，大火烧开后转小火。

将煎好的草鱼小心地放回锅中，让汤汁没过鱼身一半即可。加入少许盐，盖上锅盖，小火慢炖约 10 分钟，过程中可以轻轻翻动鱼身一次，确保两面都能均匀吸收汤汁。大火收汁至汤汁浓稠。待汤汁收得差不多时，就可以关火出锅、装盘，撒上葱花或香菜点缀，一道色香味俱全的红烧草鱼就完成了。

〔点评〕

这位小作者是个烹饪高手，在说明红烧草鱼的过程中，按照时间先后把整个烹饪过程说明得有条不紊，还能注意到一些细节，语言也严谨、准确。

示例三

首先，中学生正处在心理发展的关键阶段，好奇心强、探索欲旺盛，而网络游戏以其独特的虚拟世界和丰富的游戏内容，恰好满足了这一心理需求，使他们在虚拟世界中找到了现实生活中难以获得的满足感和价值认同。

其次，社会环境的变迁也是导致中学生沉迷网络游戏的重要原因之一。随着科技的飞速发展，互联网和智能设备已成为人们日常生活不可或缺的一部分，网络游戏作为其中的重要组成部分，其普及率和影响力不断扩大。

再次，网络游戏的技术设计也是导致其吸引力巨大的关键因素。游戏开发者运用先进的技术手段，如虚拟现实、增强现实等，为玩家提供了沉浸式的游戏体验。此外，游戏还通过社交系统、排行榜、奖励机制等手段，不断激发玩家的竞争心理和社交需求，使玩家在游戏中不断投入时间和精力。

最后，教育与引导的缺失也是中学生沉迷网络游戏现象不可忽视的原因。在家庭教育中，部分家长对网络游戏的认知存在偏差，缺乏正确的引导和教育方法；在学校教育中，虽然已逐渐重视网络素养教育，但仍需进一步加强对学生网络行为的监管和引导。同时，社会各界也应加强对网络游戏的监管力度。

综上所述，中学生沉迷网络游戏的现象是多方面因素共同作用的结果。要有效解决这一问题，需要家庭、学校、社会以及游戏行业等各方共同努力，从心理、社会、技术及教育等多个层面入手，采取综合措施进行干预和引导。

〔点评〕

中学生沉迷网络游戏的原因是多方面的，小作者能够综合分析，通过"首先""其次""再次""最后"，分四个方面逐步分析，结尾总结并提出解决方法，逻辑严谨，用词准确。

南昌市青山湖区义坊学校　罗深远

品读经典　抒写心语

——学写读后感（八下第三单元）

　　"读后感"就是把阅读时候的触动和启发写下来，"读后感"中的"感"，可以是从书中（文中）领悟出来的道理或思想；可以是受书中的内容启发而产生的思考与联想；可以是因读书而激发的决心和理想；也可以是对社会上某些丑恶现象的抨击或讽刺。

　　本单元写作教学课例以评审读后感为情境任务，通过选择标题、确定立意，恰当引述、引出感点，应感而议、议之有据，生发联想、印证感受四个任务活动，引导学生完善已写成的读后感。学习本课后，学生能够恰当引述原文内容，再结合生活实际生发独特的联想，写出有独到分析和感悟的读后感。

学习目标

　　1. 了解读后感的特点及作用，能在阅读中获得丰富而深刻的感悟，并能明晰有条理地表述出来。

　　2. 培养学生批判性和创造性的思维，通过阅读材料提炼关键信息，形成自己的观点和见解。

　　3. 通过读后感训练，增强语言运用能力，学会在实际语言情境中有效运用，养成读思结合的习惯。

　　4. 通过阅读不同类型的文本，增进对不同文化的理解和欣赏，培养对多元文化的尊重和包容。

思维导图

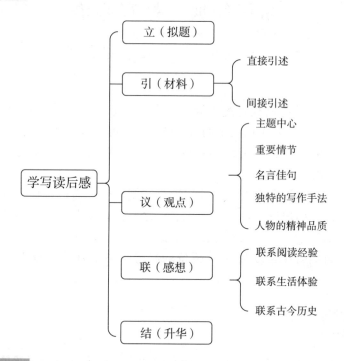

教学过程

一、创设情境，智慧启航

学校将举行一场读书分享活动，活动面向全体初中部学生征集读后感，面对学生们的踊跃投稿，教师请学生一起来做评委，选出优秀的读后感。请学生结合读后感的评价表，分组速读作品。（见下表）

评价项目	自 评	他 评
①标题新颖，主题突出，最好采用正副标题	☆☆☆☆☆	☆☆☆☆☆
②能够恰当地引述原文内容，与观点联系紧密	☆☆☆☆☆	☆☆☆☆☆
③能真实地表达感受和观点；能多角度、多层面地进行思考，使读后感具有深度和广度	☆☆☆☆☆	☆☆☆☆☆
④能够联系阅读或生活经验	☆☆☆☆☆	☆☆☆☆☆
⑤语言准确流畅	☆☆☆☆☆	☆☆☆☆☆

说明：一篇好的读后感应该包括"立一引一议一联一结"五个部分。写读后感，要以"感"为主，"感"是作文的重点。

明确：初步阅读后，通过讨论交流，总结出学生在写读后感时常出现的问题有以下几点：

一是标题不够新颖，主题不突出；

二是引述原文不够恰当，感悟与原文联系不紧密；

三是观点空洞，角度单一；

四是拓展不深入；

五是语言不准确。

二、温故知新，有的放矢

请学生阅读课本第 66 页的内容，结合五年级下册的写作知识点，回顾"读后感"的概念，给读后感拟定一个亮眼的标题。

写读后感（五年级下册的写作知识点）

（屏显）

我们读一篇文章或一本书，往往会有自己的感想。有时一些人物会给你留下很深的印象，如安徒生童话中的小人鱼；有时一些情形会让你受到触动，如《祖父的园子》中"我"跟着祖父学种菜的温馨情景；有时文字中蕴含的道理会让你深受启发，如《铁杵成针》揭示的做事要有恒心的道理。把读一篇文章或一本书的感想写下来，就是读后感。

明确：用小学写作读后感的入门要求做导入，减少学生的畏惧感，激发其兴趣，帮助学生发现三年来的成长，为课堂教学有的放矢做准备。

三、掌握技巧，文化传物

1. 选择标题，确定立意

以《钢铁是怎样炼成的》为例，给读后感拟一个合适的标题。

示例：

（1）读《钢铁是怎样炼成的》有感

（2）勇气在困难中磨练——读《钢铁是怎样炼成的》有感

（3）一部灿烂的人生教科书

（4）勇气和坚强换来成功——读《钢铁是怎样炼成的》有感

（5）生命不止，奋斗不息

明确：一个醒目的主标题，会让人产生想要阅读的冲动。请学生从文章的立意角度，结合标题的作用，说明选择的理由。

2. 恰当引述，引出观点

"引"是对文章的内容的引述，一般可以分为直接引述和间接引述。材料精短的可全文引用，材料长的可摘录其可以引发感想的关键词句，或者概述其引发感想的要点。不管采用哪种方式引述，"引"都要简练、准确、有针对性。

学生例文：

就像保尔所说："纵然生活到了实在难以忍受的地步，也要能够活下去。"现在也有很多人因为被吸入了旋涡而产生了消极思想，他们也应该学习保尔，坚强一点。（直接引述）

学生例文：

在深入了解《钢铁是怎样炼成的》这部作品后，我对其中的人物有了更为丰富的认识。主人公保尔·柯察金，一个出身贫苦铁路工人家庭的年轻人，从小就在底层饱受折磨和侮辱，后来在朱赫来的影响下，逐步走上革命道路。在伤痛夺走他的健康而导致不得不躺在床上时，他仍不向命运屈服，而是克服种种困难，以顽强的毅力开始写作。（间接引述）

明确：不管采用哪种方式引述，"引"都要简练、准确，有针对性。

3. 应"感"而议，议之有据

"议"是重心，是针对"引"的内容进行的分析、评价，要用简洁的句子明确表达出来，这样的句子可以称为"观点句"。

学生例文：

他的生活经历反映出一种乐观向上、不屈不挠的精神。面对生活的艰辛和身体的极限，保尔展现出顽强的生命力和钢铁般的坚强意志。文章也描绘了一代青年在革命理想和斗争中逐渐成熟、坚韧不拔的形象。他所代表的那种精神——对理想的无限忠诚，对生命的无私奉献，以及在逆境中百折不挠的战斗精神——永远是人类共同的精神财富。

学生例文：

这一情节让我深刻地感受到了人类精神的力量。保尔的坚韧和毅力，他的乐观和积极，都让我感动。他没有因为失去双腿而放弃，反而更加珍惜生活，更加努力地去追求自己的理想。他的故事告诉我们，只要有坚定的信念和不屈的精神，就没有什么可以阻挡我们前进的步伐。

明确：读完原文后，学生所获得的感受可能是多方面的，有的是对作品主题的思考，有的是对文章某部分内容的理解，还有的是对某个细节或某些语句的感悟……学生需要找出自己感受最深、角度最新、现实针对性最强、阅读文本后最有感受的地方去写，切忌面面俱到、中心模糊或内容空泛。

4. 生发联想，印证感受

写读后感不能泛泛而谈，要联系实际，与现实生活中的经验相联系。写作中，应该运用自己的阅读积累，来印证或深化当前的阅读感受，还可结合生活经历中的类似体会来写，这样才能使读后感内容丰富，容易获得读者的认同。写读后感最忌讳的是"就事论事"，"感"不能深入，文章过于肤浅，不能给人以震撼。

学生例文：

他的勇气时刻鼓舞着我。还记得那一次我学习骑自行车时，我紧张地穿戴好一切装备后，小心翼翼地开始学习。一开始都比较顺利，可是当我自以为学会了并得意扬扬地骑出一段路后，我却因为地上的一颗小石头而摔倒了，膝盖和手都摔伤了，我也因此不敢再去骑自行车。他却在一旁鼓励我，和我一起回忆保尔的故事，那些文字伴随着朋友的话给我信心，我深受鼓舞。于是我又重新去扶起自行车继续学习。尽管一次又一次摔倒，但我仍然没有放弃，最后我学会了骑自行车。

〔点评〕

分析议论时一定要紧密联系阅读积累和生活经验，可以是现实生活中的现象，也可以是现实生活中的种种问题，还可以是个人的思想、言行、经历等。

上文以"感"为主。引述原文适当，与"感"紧密相连，表述明晰而有条理，与"引"相呼应，并联系自己的阅读积累和生活经验来印证或深化了自己的阅读感受。

南昌红谷滩区腾龙学校　黄秋云

超级演说家

——撰写演讲稿（八下第四单元）

　　"撰写演讲稿"是部编本语文教材八年级下册第四单元的写作训练，旨在让学生在学习演讲词的基础上进行写作演讲词的训练。本单元写作教学课例以阅读教学为基础，搭建真实情境下"超级演说家"的活动支架，通过提炼演讲观点、了解演讲结构、明确内容、整理提纲、拆分写作、例文赏析等活动，帮助学生了解演讲，爱上演讲，学会写演讲词。

学习目标

1. 回顾课文，了解演讲稿的特点，学会撰写合格的演讲稿。
2. 通过活动支架，掌握并运用撰写优秀演讲稿的写作技巧。
3. 关联生活，培养对演讲及语言表达的兴趣，体会演讲的魅力。

思维导图

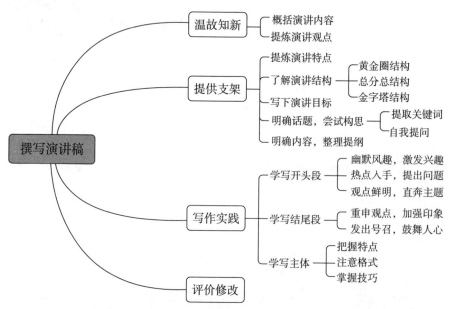

教学过程

一、导入环节

学校将举办一次"超级演说家"的演讲比赛活动，以此鼓励学生做好准备，积极参加。

二、温故知新

回顾所学课文，让学生完成下列表格。

（一）提炼观点

请学生用简练的语言概括演讲词的内容，提炼演讲观点。

篇　目	内容概括	观点提炼
《最后一次讲演》		
《应有格物致知精神》		
《我一生中的重要抉择》		
《庆祝奥林匹克运动复兴25周年》		

（二）提供支架

1. 通过对所学文章的回顾，帮助学生从经典演讲词中认识演讲的核心。

2. 请学生说说听演讲时最能被吸引的内容是什么。

3. 明确演讲应有清晰的演讲思路，即写作演讲词应有合理的结构，请学生共同总结、提炼。

（三）演讲特点

1. 针对性，充分考虑听众的需要。

2. 鲜明性，观点鲜明，态度明确。

3. 条理性，层次分明，逻辑严密。

4. 口语化，通俗易懂，形象生动。

5. 临场性，注重与观众交流、沟通。

（四）演讲结构

1. 黄金圈结构。（见下图）

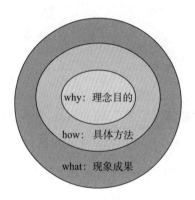

2. 总分总结构。（见下图）

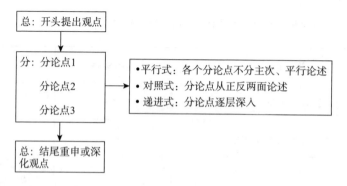

3. 金字塔结构。（见下图）

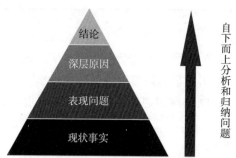

三、写作实践

（一）写下演讲的目标

演讲完，希望听众明白什么，这个就是演讲的目标。

示例1：如果你想竞选班长，当你讲完，希望同学们听后为你投票。

示例2：如果你的演讲主题是"书香伴我成长"，听众听完后，应觉得读书有很大的用处，也应该去多读书。

（二）明确话题，尝试构思

教师请学生们以"我的梦想"为话题，写一篇演讲稿。

1. 提取关键词

写作主体："我"。

明确概念："梦想"，一般是描述未来、通过自身努力去实现的人生理想。

2. 自我设问

示例：

"我"是谁？"我"是怎样的人？"我"对谁演讲？

"我"为什么要演讲？

"梦想"是什么？为什么要有这样的"梦想"？要怎样实现这个梦想？实现梦想的过程中有什么特别经历，"我"的梦想和听众有什么关系？"我"想向听众传达怎样的观点？

3. 明确内容，提取要点

教师请学生把问题答案整理为演讲词的提纲。

4. 学写开头段

师：作为听众，你更喜欢下面哪个开头？

作文示例：

我现在的职业是一名时尚买手，我每天会跟很多女生打交道，她们喜欢以"姐妹"称呼我，这让我成了女生堆里的"男特务"。今天这"特务"不能白当，我就和大家来分享一下女生到底是怎么想的。

明确：语言风格幽默风趣，其中"男特务"一词紧紧抓住了听众的心理，在引人发笑的同时也激发听众想要听下去的欲望。

作文示例：

前些日子，一个在银行工作了十年的资深人力资源师在网络上发表了一篇帖子，叫作《寒门再难出贵子》，意思是说在当下我们这个社会里，出身寒门的小孩想要出人头地、想要成功，比我们父辈的那一代更难了。你们觉得这句话有道理吗？

明确：从社会热点话题入手，通过提问的方式与听众产生共鸣，加强与听众的互动。

作文示例：

自信是成功的第一秘诀。

明确：简洁、直接地点明观点，让听众一听就能抓住重点，演讲内容明确。

5. 学写结尾段

作文示例：

最后我想说明的是，作为一个中国人，只要我们真正地认同了自己民族的文化，不管我们走到世界的哪一个角落，我们都会说我们是中国人，这就是"最炫民族风"。

明确：演讲者在结尾以简洁、凝练的语言概括并重申了观点，加深了听众的印象。

作文示例：

所以你要相信，命运给你一个比别人低的起点，是想告诉你，让你用你的一生去抒写一个"绝地反击"的故事！这个故事是有志者事竟成！这个故事是苦心人天不负！我们一起努力！

明确：在演讲结尾向在场听众发出号召，鼓舞人心的同时带动听众情绪，将演讲气氛推向高潮。

作文示例：

所以，自信真的是成功的第一秘诀。

明确：简洁、直接地再次点明观点，语言更加简洁凝练，使听众加深了印象。

教师小结：演讲稿的开头应做到幽默风趣，激发听众的兴趣。演讲内容应从热点入手，提出问题；观点鲜明，直奔主题。结尾处应做到重申观点，加深听众的印象；最后发出号召，鼓舞人心。

6. 学习撰写演讲主体

示例：

《乔布斯在斯坦福大学的演讲》（节选）

今天，我只说三个故事，不谈大道理，三个故事就好。

我的第一个故事，是关于人生中的点点滴滴是怎么串联在一起的。

我的第二个故事，有关爱与失去。

我的第三个故事，关于死亡。

教师小结：

1. 把握特点：针对性、鲜明性、条理性、口语化、临场性。

2. 注意格式：题目、称呼、开场白、主体、结尾、致谢。

3. 掌握技巧：明确演讲目标，有吸引力的开场白，主体为故事＋观点，结尾升华，语言通俗形象。

四、写作练习

师：作为演讲者，请你写一篇演讲稿。从以下主题中选择一个作为你的演讲话题。

A. 我的梦想

B. 让爱永驻心中

C. 书香，伴我成长

我的演讲话题是：＿＿＿＿＿＿

五、评价修改

1. 对照评价量表

评价项目	自　评	他　评
1. 能够根据演讲对象精准把握演讲目的，观点明确且切合主题	☆☆☆☆☆	☆☆☆☆☆
2. 能够完成演讲稿的框架	☆☆☆☆☆	☆☆☆☆☆
3. 能围绕主题和观点，梳理并筛选、组织演讲素材	☆☆☆☆☆	☆☆☆☆☆
4. 能够按照要求完成开头和结尾	☆☆☆☆☆	☆☆☆☆☆
5. 语言有感染力，文笔流畅	☆☆☆☆☆	☆☆☆☆☆

说明：通过结合评价量表，让学生对演讲的目的、主题把握之后，再搭建框架，精选素材，一步一步引导学生写出一篇合格的演讲稿。

2. 示例点评

我的梦想

敬爱的老师们、亲爱的同学们：

大家好！

梦想是什么？常说人一定要有梦想，请大家看向窗外，你们看到了什么？（手指向窗外）没错，是树。我们的梦想就像树扎根的泥土，泥土可以使树稳扎不动，枝繁叶茂。梦想可以使我们站稳脚跟，初心不变。

今天，我将和大家分享我的梦想。我的梦想——成为一名书法家。

记得我八岁那年，爷爷带着我去参观书画展，走进那个充满古风古韵的展览馆，我第一次陶醉在墨香中。在爷爷的讲解下，我第一次懵懵懂懂地感受到书法的魅力，成为书法家的理想便开始在我心中扎根了。

之后，我就跟着爷爷学练字。当我第一次拿起毛笔，蘸墨的笔尖轻轻地在宣纸上细细划过，看着纸上自己写的横竖撇捺，心中有说不出的兴奋。至今我练字已有五个年头了，每次我走到书法桌前，缓缓坐下，铺纸、倒墨、蘸墨，笔尖轻盈地在纸上跳跃时，全世界仿佛都静止了，只有我和书法在交流。

在练字之余，爷爷会和我探寻汉字的魅力，介绍中国书法历史，分析书法的章法结构，叙说书法家的趣事。爷爷跟我说，练习书法最终不是为了追名逐利，而是为了陶冶情操，书法能让人在喧闹的世界中保持心灵的安静……成为书法家的理想在我心中不断发芽、成长。

成为书法家的梦想一直指引着我前进，激发着我的斗志。每天我都会挤出时间来练字，我的书写能力得以不断提升。功夫不负有心人，去年我已经拿到书法六级的证书，我会为了成为书法家的理想继续前进。

我相信为梦想而奋斗的日子是充实、快乐、有滋有味的，也是闪闪发光的。

最后，我想用苏格拉底的话作为结尾，"世界上最快乐的事，莫过于为理想而奋斗。"我最快乐的事，就是为成为书法家而努力！

我的演讲完毕，谢谢大家！

〔点评〕

本文观点明确，符合"我的梦想"主题。在演讲稿开头能够与听众进行积极互动，增强了语言的感染力。演讲稿各部分内容明确，逻辑清晰。结尾使用名言再次激励听众，起到了很好的表达效果。

江西师范大学附属中学　马　芸

描写景物　抒发感受

——学写游记（八下第五单元）

　　学写游记是部编本语文教材八年级下册第五单元的写作主题。本单元写作教学课例创设了某市文旅局向全市中学生征集热门景点宣传文案的活动，引导学生在情境任务中回忆自己的游览经历，留意游览时的见闻和感受，让写作从生活中来，再到生活中去。通过学习，学生能够明晰游记文体及其特点，掌握游记写作的一般方法，能初步写出一篇合格、完整的游记作文。

学习目标

　　1. 根据游踪和自身体验，合理安排游记写作的顺序，使文章有层次、有条理。

　　2. 能了解并运用游记的文体知识和写作方法，抓住景物或者游览场所的特点来写，突出重点，详略得当。

　　3. 在记叙、描写的基础上，适当运用议论、抒情等手法表达自己的思想情感。

　　4. 记录家乡的特色景点，增强热爱家乡、热爱祖国的情感，培养爱自然、爱生活的情怀。

思维导图

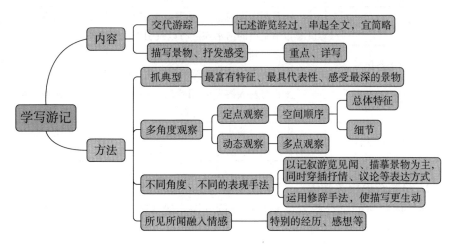

教学过程

一、激趣导入

教师通过介绍明代著名旅行家、地理学家徐霞客的经历及他的代表作品《徐霞客游记》，让学生了解游记的文体特点，明晰游记的现实意义，从而激发学生阅读和写作游记的兴趣。

二、情境创设

为了让学生更好地进行游记写作，教师特创设当地文旅局向全市中学生征集热门景点的宣传文案，通过这一情境任务，自然而然地把游记写作引向学生的现实生活。让他们回忆自己的游览经历，留意自己的游览见闻和感受，使写作从生活中来，再到生活中去。

（屏显）

宜春市文旅局向全市中学生征集明月山的宣传文案，要求以游记形式展示。

（一）梳理文体知识

在学生正式开始写作前，先要明确游记这一文体的相关知识，而最好的示例就是本单元的课文，因此教师带领学生回顾和梳理本单元的课文内容，归纳游记的相关知识。

1. 游记单元课文梳理

课　文	内容梳理
《壶口瀑布》	作者两次游览壶口瀑布，重点写了第二次枯水季节，壶口瀑布中龙槽的河水与巨石以及引发的思考和感悟
《在长江源头各拉丹冬》	作者跟随摄制组在各拉丹冬游览冰塔林的经历，生动表现了作者置身于难得一见的景物之中的身体和心理感受
《登勃朗峰》	作者与友人游览勃朗峰的经历，写了登山过程中的奇景与奇理以及由此引发的感慨
《一滴水经过丽江》	作者以一滴水的行踪为游览视角，全方位展现了丽江古城的自然风光、历史沿革和人文景观

2. 归纳游记相关知识

师：请同学们结合第五单元写作导读（课本第 111 和 112 页）自由分享游记的相关知识。

明确：

游记——通过记述游览见闻、描摹山水风光、吟咏人文胜迹、抒发作者的情思的文章。

游记三要素——所至（交代游踪）、所见（描写景物）、所感（抒发感受）。

（二）选择典型景点

教师明确了游记这一文体的相关知识后，接下来引导学生选择明月山景区中的典型景点来写作。为了进一步激发学生的写作热情，教师结合当前旅游中出现的热点词"打卡"，引导学生根据自己游览明月山的经历，向其他同学推荐打卡景点。

1. 提供支架

支架1：引用梁衡的话，引导学生向课文《壶口瀑布》学习游记的写作方法。PPT显示课文文段从"尽管这样"到"造物者难道是要在这壶口中浓缩一个世界吗？"

明确：

上述引用的《壶口瀑布》中的文字，正是抓住了水的形态的多样性这一特点来写的。因此，我们在描绘景物时一定要善于抓住景物本身的特点，并在此基础上，恰当地抒发自己的感受。

支架2：PPT显示课文文段从"我们从从容容地下到沟底"到"便一齐跌了进去，更涌、更挤、更急……"

归纳这段文字中运用的写作方法：移步换景——沟底→河心；定点观察——倚在一块大石头上（定点），向上游看去和向脚下看去，看到的是不同的景。

2. 写作练习

小组讨论后，每个小组从以下四个景点中，选择一处要推荐的打卡景点，进行文案创作。（要求：抓住景物的特点来写，抒感受）

第一组：云姑沐月

第二组：云谷飞瀑

第三组：青云栈道

第四组：月亮湖畔

3. 小组互评

请学生们根据评价量表（见下表），在小组互评的基础上，推选出本组描写打卡景点的最佳文章。（将学生作品投屏展示）

维　度	评价内容	评价说明
所见 （绘景致）	修辞、感官、表现手法等 多种写作技巧的运用	无修辞运用，但语句通顺，得1分 有修辞运用，得2～3分 将两种以上技巧叠加运用，得4～5分

（续）

维　度	评价内容	评价说明
所感 （抒感受）	有自己的思考和独特的感受	有一点儿自己的思考和独特的感受，得1分 有一定的思考和独特的感受，得2～3分 有深入的思考和独特的感受，得4～5分
写景方法	能尝试运用定点观察、移步换景的观察顺序来写作	运用其中一种，得1分 两种兼用，得2～3分 两种兼用且有一定的文采，得4～5分

（三）设计游览路线

此环节让学生设计游览明月山景区的路线，明确游记写作需要按照一定的游览顺序去写这一目标。

1. 师：将每个小组推荐的打卡景点的文章放在一起是否就是一篇游记呢？

明确：不是，将几个景点的文章罗列在一起，没有体现游览的顺序。

2. 提供支架。

请学生们讨论分析：《一滴水经过丽江》写了那么多景点，作者是如何做到杂而有序的呢？

（屏显）

《一滴水经过丽江》游览路线图

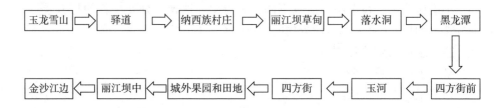

明确：

以游踪地点为线索，串珠连线。游踪就是文章的游览顺序，游记写作一定要明确游踪。合理的顺序，能使文章结构更加完整，条理更加清楚。请学生们按一定顺序将几个景点串起来。

3. 为明月山画出合理的游览路线图。

师：有了游览路线图也就有了游览顺序，那么按照游览顺序，将几个景点的文字拼合在一起，是否就是一篇游记？

明确：只把几个景点按一定的顺序拼凑在一起，会显得生硬。景点与景点之间要有自然巧妙的过渡语。

4. 为游览路线图设计巧妙的过渡语。

预设：

（1）在明月山入口的明月广场，便能看见明月山的标志性雕塑——云姑沐月。

（2）沿着月之路，我们拾级而上，将看见三大瀑布，其中落差最大的就是云谷飞瀑……

（3）登上山顶，坐一辆旅游观光车，我们便来到长达 3100 米的青云栈道……

（4）栈道的出口，便是浪漫的月亮湖。它因形似月亮而得名……

师：有了游览顺序、巧妙的过渡语和四处打卡景点的文字，我们是否可以把它们组合成一篇优秀的游记作品呢？

明确：一篇优秀的游记作品还需要注意详略得当，讲究谋篇布局，只有这样才能算是一篇好游记！明月山的打卡景点绝不只有以上四处，当然还可以选择其他景点。无论详写哪个景点，一定要选择自己感受最深的，因为只有这样，才能抒发最真的情。

三、写作实践

通过上述学习活动，学生已经了解游记文体的相关知识，明确了一篇好的游记除了要抓住景物的特点来描绘，恰当地抒发自己的感受外，还需要有清晰的游览顺序、巧妙的过渡衔接语和详略得当的描写。接下来，教师组织学生进行游记写作实践活动。

师：根据今天所学，请同学们完成一篇游明月山的游记作品。不少于 600 字。

1. 对照评价量表

评价项目	自　评	他　评
①根据游览行踪和自己的体验，合理安排游记的写作顺序	☆☆☆☆☆	☆☆☆☆☆
②能够抓住景物（场所）的特点多角度刻画	☆☆☆☆☆	☆☆☆☆☆
③根据表达的中心，合理安排材料的详略	☆☆☆☆☆	☆☆☆☆☆
④在记叙、描写的基础上，运用抒情、议论等方式表达自己的思想情感	☆☆☆☆☆	☆☆☆☆☆

2. 示例点评

<h2 style="text-align:center">明月山让我陶醉</h2>

循着潺潺的流水声，我们走进了明月山，游览了日思夜想的云谷。

青山，白雾，翠竹……我们仿佛踏入了梦境的天地：山在雾中屹立，薄雾在山中萦绕。雾围着山，山依着雾，依稀朦胧，若明若暗，让人飘飘欲仙，仿佛自己也变成了雾，在山间与伙伴们嬉戏。雾围在游人周围，跟游人们玩捉迷藏。一阵凉风吹过，只有移动的人群和飘动的彩旗向前蜿蜒伸展着，我们每个人都跃跃欲试，想要去征服所有山峰。

裸石，流水，稀稀落落的人群。裸露着的河床，滑溜的卵石，潺潺的流水，摇曳的小树，给这寂寞的山林带来了无限生机。在山谷中回荡的欢笑声，也给这幽谷带来了喧闹。

丛林，小道，五彩缤纷的大旗，隐约闪现于郁郁葱葱的树林中，穿梭在苍翠的竹林里。高声的呼唤，欢快的笑语，从队伍的前头，一直排到队伍的后头，带着满怀的豪情、满腔的希望。近了，更近了……细雨，凉风，飞瀑终于出现了。我们看见一条白练，素白晶莹，镶嵌在一片浓绿中，披挂于山涧树丛间。

〔点评：观察视角多样，景物描写生动，特点突出〕

终于，看见了刻在石板上的"云谷"二字。我们走下去，来到谷底，思维似乎停滞了，这梦中的仙境，这欲飘、欲飞、欲沉的奇妙感觉……当阵阵凉风使人觉察到一丝凉意时，我们才意识到自己竟沐浴在雨雾中——是溅碎了的飞瀑。它亲吻着我的脸、头发和蒙尘已久的心……我举起了相机，把这永恒的一瞬定格。

〔点评：小作者将自己游览时的体验和感受贯穿始终，使人印象深刻〕

〔**总评**〕

本篇游记主要写"我"游明月山，观赏云谷飞瀑的经历。全篇洋溢着"我"对明月山美丽自然风光的喜爱与赞美之情，情感真挚动人。作为一篇游记，游踪线索清晰，所绘景物特点分明，感受自然、真实。

宜春实验中学　罗文娟

讲故事　懂生活
——学写故事（八下第六单元）

　　"学写故事"是部编本语文教材八年级下册的写作任务，旨在引导学生了解故事的基本要素，掌握故事写作的方法和技巧。语文教材第128页的"学写故事"写作指导中的生动例子和详细讲解，使学生能够更好地理解和运用故事写作的规律，从而对故事写作的概念和基本要素有所了解。然而，学生在故事写作时，往往存在情节单一、人物形象不够丰满、语言表达不够生动等问题，因此，在教学过程中，需要教师针对这些问题给学生进行指导。

学习目标

1. 能够将故事叙述完整，人物特点刻画细致。
2. 发挥联想与想象，丰富故事细节。
3. 故事能够给人以启迪，引发读者对于生活、生命的思考。

思维导图

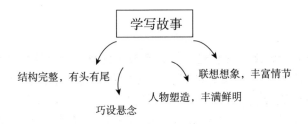

教学过程

一、课堂导入

教师引用莫言语录创设情境，建立故事与生活之间的联系。

（屏显）

我是一个讲故事的人。因为讲故事让我获得了诺贝尔文学奖。我获奖后发生了很多精彩的故事，这些故事，让我坚信真理和正义是存在的。今后的岁月里，我将继续讲我的故事。（莫言）

师：好故事人人喜欢，但并不是人人都会讲、会写，先请听老师讲故事，学习写曲折、感人故事的技法。

二、明确概念

教师分享"清朝名嘴纪晓岚给人祝寿"的故事。

教师小结：一段祝寿词，被纪晓岚讲成了一个故事，而且讲得悬念迭起，让主人、宾客心情上下起伏，纪晓岚真是一个讲故事的高手！

教师讲解写故事的技巧：①写完整的故事（开端、发展、高潮、结局）。②写曲折的故事（情节一波三折、刻画典型细节、连续设置悬念，故事的结局在想象之外，或在情理之中、意料之外）。③塑造丰满的人物（人物"活"起来，立体地展现人物的精神面貌，增强故事的可信度）。

三、任务驱动，指导写作

教师给学生布置任务、搭建支架，让其学写故事。

（一）任务一：写完整的故事

教师给学生呈现一段文字，让学生说说其中存在的问题，然后师生共同归纳出完整叙述故事的技法，再进行故事接龙，口头创作完整的故事。

1. 发现问题

（屏显）

军训第一天的晚上，宿舍熄灯后，我因饥饿想起行李箱中的泡面。小明慷慨地分享了他的热水，舍长则提醒宿舍内禁食。我不顾舍长的提醒坚持吃泡面，当谭老师巡视时我急忙藏起食物。教官发现有泡面的味道，要求我们开门，最终我与舍友们共同承担责任，受罚去操场跑步。这段经历让我难以忘怀。

教师引导学生发现上文的叙述太平实，既不动人，也不能引发读者启迪，从而明确"写完整的故事"的技巧。

（屏显）

好故事＝波澜起伏的情节＋个性鲜明的人物＋引人思考的结局

2. 口头表达训练

教师布置任务，请学生以"军训第一天的晚上，休息的铃声响起，宿舍统一熄灯了"为开头，全班学生合作，开展故事接龙，每位学生至少说一个完整的句子（或情节）。学生边创作，教师边板书。

示例：

军训的故事

学生A　我躺在床上，突然觉得好饿。

学生B　越想越饿，想起了妈妈在我的行李箱里备了两包泡面。

学生C　舍长提醒宿舍内不能吃东西。我小心地躲在被子里撕开泡面的包装袋。

学生D　可是我今天没打热水，旁边的小明给了我开水。

学生E　泡面的香气在空气中萦绕。

学生F　突然听到我们的班主任谭老师从走廊传来的声音，我在舍长提醒下赶紧将泡面放置窗台上。真是虚惊一场！

学生G　这就是我军训中最难忘的故事，这是我吃过的最好吃的泡面。

教师提问：如何将接龙的情节写的生动有趣，让读者与故事中的人物产生共鸣呢？

（二）任务二：对比阅读，归纳方法

教师通过文段对比阅读，引导学生概括出"情节曲折"的写作技法，再通过思维导图回顾课文曲折的故事情节，运用技法将故事情节写曲折，写出好玩的故事。

1. 情节曲折公式

回家的故事			
★走在回家的路上，路很黑，我很害怕。	目标	★走在回家的路上，路很黑，我很害怕。	目标
		★一个黑影"唰"的就过去了，我差点吓哭，好不容易壮起胆去看。	阻碍1
★一个黑影"唰"的就过去了，我差点吓哭，好不容易壮起胆去看。	阻碍1	★原来是只黑猫。	结果1
		★我一回头，突然发现身后跟着一个大黑影，我胆战心惊，大喝一声："谁？"	阻碍2
★原来是只黑猫。	结果1	★原来爸爸不放心我一个人回家就一直跟在我后头。	结果2

明确：故事讲究情节应一波三折，设置阻碍，以产生意想不到的结果，因为意料之外的结局才会让人回味无穷。

（屏显）

情节曲折＝目标＋阻碍1＋结果1＋阻碍2＋结果2

教师以课文《狼》和《桃花源记》为例，并出示思维导图，引导学生学会运用将故事情节写曲折的方法。（见下图）

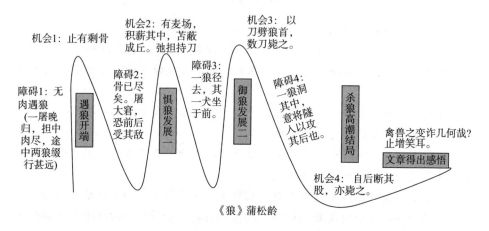

《狼》蒲松龄

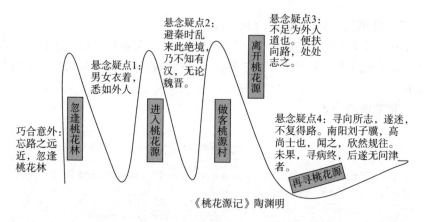

《桃花源记》陶渊明

2. 补充情节训练

教师布置写作任务，运用设置障碍的技巧，写出完整的故事，使故事情节曲折、精彩有趣。

示例：

目标：吃泡面。

阻碍1：没有去打开水。

结果1：同学提供帮助。

阻碍 2：宿舍内不能吃东西。

结果 2：躲起来，我存在侥幸心理，以为不会被发现。

阻碍 3：班主任巡查。

结果 3：我躲过巡查，虚惊一场，如愿吃上泡面。

阻碍 4：被教官发现，我主动承认，接受惩罚。

结果 4：全宿舍同学陪着我一起操场罚跑五圈。

结局：收获至纯至善的友谊，难忘的军训生活。

教师提问：故事中如何能将人物写得丰满，"活"起来，紧扣读者的心弦呢？

（三）任务三：塑造丰满的人物

教师出示思维导图，回顾课文《孙权劝学》的人物塑造方法，写出人物的精神风貌。（见下图）

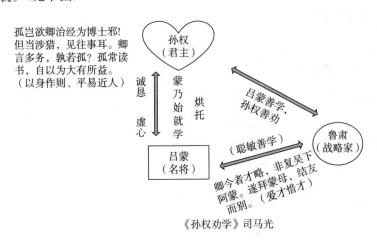

《孙权劝学》司马光

1. 故事需要运用多种描写手法刻画人物。外貌描写、神态描写是读者辨析人物特点的窗口；动作描写能推动整个故事情节的发展，也能展现人物的性格特征；心理描写可以细腻、生动、真实地展示人物的心路历程；语言描写要符合人物的身份与个性；适当穿插景物描写，不仅可以调整故事节奏，还能够在刻画人物形象的同时，暗示故事的主题。

2. 教师布置任务，从"任务二"的创作中选择一个情节进行润色，让人物"活"起来，立体地展现人物的精神面貌，并创作出一个情理之中，意料之外的结局。

学生作品示例：

阻碍 1 润色：越想越饿，还好妈妈在我的行李箱里备了两包泡面。我立马从床上"弹起"，以迅雷不及掩耳之势打开了行李箱，拿出泡面。可是我今天没打热水，要怎么吃呢？正发愁，旁边的小明说："哈哈，我今晚打了点儿热水，看你那么可怜，给你一点儿吧。"我双眼充满感激，握住他的手说："滴水之恩，当涌泉相报！"

阻碍2润色：正要撕开泡面的包装袋，"舍长大人"发声了："今天老师强调不能在宿舍里吃东西，泡面那么大的味道，被发现了你可是要被惩罚的！自己想清楚哦！"我嬉皮笑脸地说："不会被发现的，您放心！"

结果2润色：泡面的香气在空气中萦绕，等待的过程实在是太美好了，耳边还传来田间蛙鸣与虫叫，似乎在为我演奏一首幸福之歌。时间到！揭开泡面盖，我开始狼吞虎咽起来。

结果4润色：月光下，晚风轻拂，几个少年在操场上飞驰着。我喘着气说："各位英雄好汉，等军训结束后我请大家吃泡面！""我要红烧牛肉味的！""我要香菇鸡肉味的！"……

四、写作实践

以《＿＿＿＿＿＿的故事》为题，写一篇作文。不少于600字。

1. 对照评价量表

习作评价	具体要求	自　评	他　评
叙事完整	结构清晰 主题明确 闭环结尾	☆☆☆☆☆	☆☆☆☆☆
情节曲折	冲突设置 悬念营造 转折合理	☆☆☆☆☆	☆☆☆☆☆
人物丰满	性格刻画 成长变化 背景设定	☆☆☆☆☆	☆☆☆☆☆

说明：此评价量表旨在为评价故事写作提供一个标准化的参考，帮助学生创作出结构完整、情节吸引人、人物形象鲜明的优秀作品。通过这三个维度、九个方面的综合评估，可以有效地指导学生在创作过程中注意故事的各个方面，进而提升整体写作水平。

2. 示例点评

军训的故事

军训第一天晚上，休息的铃声响起，宿舍统一熄灯了。我躺在床上与同学们聊着天，突然肚子开始"咕咕"直叫。好饿呀，晚饭没吃饱，刚来军训，食堂的饭菜也吃着有些不习惯。

越想越饿，还好妈妈在我的行李箱里备了两包泡面。我立马从床上"弹起"，以迅雷不及掩耳之势打开了行李箱，拿出泡面。可是我今天没打热水，要怎么吃呢？正发愁，旁边的小明说："哈哈，我今晚打了点儿热水，看你那么可怜，给你一点儿吧。"我双眼充满感激，握住他的手说："滴水之恩，当涌泉相报！"

正要撕开泡面的包装袋，"舍长大人"发声了："今天老师强调不能在宿舍里吃东西，泡面那么大的味道，被发现了你可是要被惩罚的！自己想清楚哦！"我嬉皮笑脸地说："不会被发现的，您放心！"

泡面的香气在空气中萦绕，等待的过程实在是太美好了，耳边还传来田间蛙鸣与虫叫，似乎在为我演奏一首幸福之歌。时间到！揭开泡面盖，我开始狼吞虎咽起来。

突然传来一阵脚步声，接着听到我们的班主任谭老师从走廊传来的声音："这是什么味道？哪个宿舍的同学在偷吃零食？"我心里"咯噔"了一下，"舍长大人"轻声道："你快盖好泡面，拿到外面的阳台放置！"我二话不说，马上行动起来。过了一会儿，老师应该是走了，我才又偷偷继续吃。真是虚惊一场！

在我快吃完的时候，一个黑影闪现在宿舍窗边，喊了一句："125宿舍开下门！"是教官！没人敢应答。教官又再重复了一遍，"舍长大人"不得已去开了门。我迅速将泡面盒子扔进垃圾桶，回到床上躺下。教官闻了闻说："在窗边就闻到味道了，谁在吃泡面啊？"依旧无人应答。"如果继续没人应答，那就全宿舍一起去操场跑五圈。"

我怎能牵连其他同学呢？我毫不犹豫地说："教官，是我！"没想到小明也站了出来："教官，是我给他提供了开水，我愿意陪他一起跑！"接着"舍长大人"也站了出来："教官，我作为舍长没能管好自己的舍友，连我也罚吧！"另外几个同学也应和道："我们是一个宿舍的，要跑一起跑！"教官："挺讲义气啊，那你们全宿舍一起去跑吧！"

月光下，晚风轻拂，几个少年在操场上飞驰着。我喘着气说："各位英雄好汉，等军训结束后我请大家吃泡面！"

"我要红烧牛肉味的！"

"我要香菇鸡肉味的！"

……

这就是我军训中最难忘的故事。在这个故事里，我收获了至善至纯的友谊。

〔点评〕

本文的叙事完整，情节曲折，人物丰满。首先，故事情节完整，从军训第一天晚上开始，描述了主人公因为饥饿而决定吃泡面的过程，以及随后被老师和教官发现的情景，最后全宿舍一起受罚跑步，形成了一个完整的故事线。其次，情节曲折，先是主人公因为饥饿难耐而决定吃泡面，接着被老师发现，然后又被教官发现，情节跌宕起伏，引人入胜。此外，文中还巧妙地安排了一些紧张的气氛，如主人公在谭老师的巡视下急忙藏泡面、在教官询问时的内心挣扎等，使得整个故事更加生动有趣。最后，人物刻画丰满，主人公、小明、舍长等角色都有自己的性格特点和行为动机，使得故事更加生动有趣。

南昌市红谷滩区腾龙学校　黄艳丽

驱遣联想与想象　借助意象抒情

——尝试创作诗歌（九上第一单元）

　　部编本语文教材九年级上册第一单元的写作任务是"创作现代诗歌"，要求选择一个对象，写一首小诗，抒发自己的情感。同时在写作过程中，注意句式和节奏。这符合《义务教育语文课程标准（2022年版）》中对九年级学生的要求："具有初步感受美、发现美和运用语言文字表现美的能力"，并且"能借助不同媒介表达自己的见闻和感受"，还能"运用联想和想象，丰富表达的内容……尝试诗歌的写作"。

　　"创作现代诗歌"能很好地引导学生细致观察生活，表达情感，激发他们的想象力和创造力。

学习目标

　　1. 了解现代诗歌的特点，初步感知现代诗歌的写作技巧。

　　2. 回归课本学写作，归纳创作现代诗歌的常用方法。

　　3. 运用联想和想象，借助意象，培养学生的仿写和独立创作现代诗的能力。

思维导图

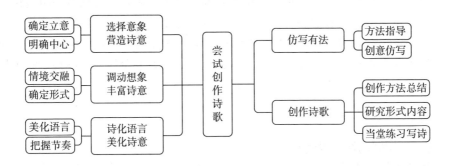

教学过程

一、激趣导入

教师以 PPT 展示两首诗歌。

世界上最短的一首现代诗:

生　活

北岛

网

另一首很精练的诗歌:

三　代

臧克家

孩子在土里洗澡,

爸爸在土里流汗,

爷爷在土里埋葬。

　　教师带领学生从体味诗歌语言的凝练、通俗及深邃的内涵入手,尝试创作现代诗歌。

二、明确概念

　　师:《生活》全诗虽然只有一个字,却形象、具体、通俗地概括出了一个世界,概括出对人生的体悟。

　　《三代》只有三行,却通俗地概括了一代代农民的生命过程,句式整齐,通俗易懂,精练到位,让我们深思。

　　通过对九年级上册第一单元的学习,学生已感受到现代诗歌既易引起读者的联想,也易引起读者的共鸣,还耐人寻味,这就是现代诗歌的魅力。

　　明确:"现代诗歌"是一种有意象、意境,既能引起读者联想和想象,能唤起情感共鸣,带给读者强烈的审美体验,又具有音韵美的文学体裁。它不拘泥于格式和韵律,形式自由,内涵丰富。

三、训练过程

(一)如何创作诗歌呢?

　　教师带领学生回顾已学诗歌的形式,然后进行有针对性的仿写训练,从句子仿写开始,再到整首诗的仿写,循序渐进,学以致用。

1. 借助意象，巧用修辞

尝试模仿泰戈尔的诗歌，选择一个形象，如流星、桥、手表、手机、小草、花朵、暴风雨等，适当运用比喻和拟人，写几行短诗。

①鸟翼上系上了黄金，这鸟儿便永远不能再在天上翱翔了。

②如果你因失去了太阳而流泪，那么你也将失去群星了。

③小草呀，你的足步虽小，但是你拥有你足下的土地。

如何仿写？

仿写主要是仿照原有的句式、修辞方法等进行创作，可以仿诗句形式，仿语言结构，仿修辞手法，仿内在逻辑关联，仿巧妙说理等。

引导学生了解以上诗句是泰戈尔的散文诗《飞鸟集》中的节选，并让学生体会泰戈尔诗歌擅长运用朴素语言、抓住对象特征进行创作的特点。

仿写示例：

①花朵选择了绽放，花儿便永远不用害怕凋零。

②如果你因暴风雨而怯懦，那么你也将失去雨后的彩虹。

③手机啊，你个头虽小，但是你拥有穿越空间的超能力。

明确：诗歌仿写要注意句式一致和句子内部的逻辑，同时语言还要符合被仿写诗句的特点。

2. 仿写诗歌

师：请大家参照九年级上册第一单元学过的一首诗进行仿写。仿写有法，要注意以下几点。

①明确仿写的内容。

②分析仿写诗行的内容结构等。

③正确运用修辞手法。

④美化语言，富有哲理。

示例：

小时候

乡愁是一个甜甜的梦

我在这头

母亲在那头

长大后

乡愁是一通牵挂的电话

我在这头

母亲在那头

后来啊

乡愁是一抹等待的背影

我在这头

母亲在那头

而现在

乡愁是一朵漂泊的云彩

我在这头

故乡在那头

明确：本诗仿写语言朴实，情感真挚，形式巧妙，且结合自己的成长经历传递出母子之间的不舍、牵挂和思念。

3. 总结诗歌创作方法

把学生分成 8 个小组，每组 6 人，一起进行讨论、交流。

小组 1：写诗要先确定诗歌主题，然后围绕主题遣词造句，抒发情感。

如看到云卷云舒，云虽无"脚"却能借助风的力量远行，自由自在，可以把它定为主题。

小组 2：写诗要选择恰当的抒情方式。

可以选择直接抒情，如《周总理，你在哪里》的首段："周总理，我们的好总理……你可知道，我们想念你……"直接把内心的情感表达出来，能引起读者强烈的共鸣。

也可以选择间接抒情，可借景、借事抒情。如艾青在《我爱这土地》中抒发对土地和祖国的爱，就是借助一组意象表达出来的。

也可以选择直接与间接抒情相结合的方式。根据素材特点及表达需要，选择合适的抒情方式。

小组 3：要采取一定的结构形式。

如《周总理，你在哪里》采用回环往复的形式，扣住主题，反复吟唱。《乡愁》以时间为线，将变化的意象串联在一起。《我看》是先呈现景物的画面，再抒发内心的感慨……

小组 4：要注意诗歌语言的简洁、凝练，还要用好表现手法。

师：以上四个小组的同学从四个方面进行了总结。其实诗歌创作还可根据诗歌的具体内容采用长短句搭配，也可以采用排比句、对偶句等进行创作。诗歌还应注意押韵，让诗句充满节奏感和韵律美。还可以适当加入一些想象和联想，将比喻、拟人等修辞手法进行巧妙运用，丰富诗意，创意表达。

（二）课堂练习

1. 请学生自选九年级上册第一单元任务三的备选题目二或题目三，根据具体情境，进行诗歌创作。

2. 对照评价量表。

评价项目	自 评	他 评
①立意明确，感情真挚，主题鲜明	☆☆☆☆☆	☆☆☆☆☆
②抒情方式多样，意象鲜明，联想和想象丰富	☆☆☆☆☆	☆☆☆☆☆
③结构清晰，节奏鲜明，有音韵美	☆☆☆☆☆	☆☆☆☆☆
④能运用多种表达技巧，语言凝练	☆☆☆☆☆	☆☆☆☆☆

明确：创作现代诗歌，一定要有明确的中心，且最好从自己身边的景、事和经历中进行选材、创作，方能与读者产生共鸣。同时要选择合适的抒情方式，注意诗歌语言的简洁、句式的变化、修辞的选用等诗歌语言的处理方式。最后，诗歌是情感的流露，要有真情实感。

3. 示例点评。

示例一：

祝愿

今天

是你的生日

太阳为你升起

群星为你闪耀

这灯火阑珊处的城市

不是城市

是你的战场

那盏亮着的灯

是青春奋战的身影

终有一天

你将成为自己的光

将自己照亮

〔点评〕

运用意象将自然之光与灯光相连，从而描绘一个奋斗的身影，并将"光"升华为奋斗和努力之后的成功，意境深远，寓意深刻。

示例二：

我要出发

我要告别这温暖的小窝

我要告别这诱惑的游戏

我要告别这小小的手机

我要告别朝夕相处的慵懒

我要出发

飞向广阔的天空

飞向成长的原野

去捕食小虫子

把快乐的呢喃

洒满一地

〔点评〕

诗中的小燕子是作者的化身。这首诗从孩子的角度，以小燕子的口吻吟唱，表达了作者希望能告别慵懒，立刻出发，飞向天空，追求自己的快乐。整首诗结构工整，节奏分明，意象鲜活。

南昌市立德朝阳中学　谢衍红

观点明确　言有其旨

——观点要明确（九上第二单元）

本单元写作教学课例以学校举办辩论赛为情境任务，引导学生写简单的议论性文章，做到观点明确，有理有据，总结出"观点要明确"的写作技法。通过判断、学写观点句，理清写作思路，适时凸显观点，列出提纲讲练结合等活动环节，让学生学会明确表达观点。学习本课后，学生能够围绕题目或材料的要求，提炼出一个旗帜鲜明的观点并表述清楚，构建起议论文的框架，拟写分论点，从而锻炼自己的思辨能力和表达能力。

学习目标

1. 认真思考生活和社会现象，并能提出自己的观点。
2. 归纳总结，学会构建框架、拟写观点。

思维导图

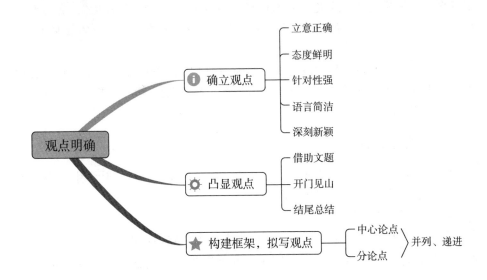

教学过程

一、情境导入

教师以学校辩论赛为契机，为学生议论文写作创设情境，建立写作训练与学习生活之间的联系。

师：古有诸葛孔明舌战群儒，语震四方显英才，如今一年一度的"碟子湖杯"辩论赛即将开展，让我们慷慨陈词，展现翩翩风采。此次赛事在班级进行初赛海选，同学们就以第二单元的写作训练为依托，聚焦当下生活或时代话题，要求以第一辩手的角色写一份辩论稿，注重论点和论述的角度，观点要明确。

今天这节课，教师将带着学生探寻议论文观点的确立、观点的凸显，在讲练结合中稳步推进议论文写作的知识构建。

二、概念明晰

教师展示一则材料，学生从中提炼出自己的观点，再进行互评，教师适时点评并总结，这样学生就可以理解议论文观点要明确的概念。

（屏显）

2024年一些行业裁员、降薪风波不断，今年第一批"00后"毕业，就业形势严峻。面对时代巨变，当下的年轻人被认为已经陷入"卷又卷不动，躺又躺不平"的尴尬境地，于是有的人选择过适度平衡的"中庸人生"；有的人选择"躺平"，过啃老、寄生的日子；还有的人选择内卷奋斗，直面人生风雨。

教师小结：上述材料中没有一个明确的观点。议论性文章需要明确地表达观点，主张什么、反对什么，都要清清楚楚，态度要鲜明，不能模棱两可，这是观点要明确的标准。

三、训练过程

为了掌握更准确地表述观点，教师给学生布置相应任务，让学生一步一个脚印，扎实迈进议论文的写作之门。

（一）确定观点树旗帜

教师围绕材料给出了以下观点，让学生从观点表达是否清楚的角度进行判断、评价，指出可以作为观点的句子，并说明理由，借此归纳出观点的主要特点。

1. 判断观点句

（屏显）

①一些行业裁员、降薪风波是大家都知道的。

②时代巨变之下，毕业生就业形势严峻。

③躺平放弃会让人消极沉沦。

④喜欢适度平衡的中庸人生。

⑤我们应永葆奋斗的激情。

⑥直面风雨更易走向成功。

⑦就业压力之下是否潜藏着机遇。

⑧当下年轻人在时代浪潮之中何去何从。

此环节通过自主探究，让学生理解，句子①②是对客观现实的描述，不同于观点；句子⑦⑧是论题，也不能作为观点；句子③④⑤⑥可以作为观点。在判断是否为观点的过程中，学生还可以通过比较、概括等方法，总结出观点的主要特点，是否立意正确、态度鲜明、针对性强、语言简洁、深刻鲜明等。

2. 学写观点句

教师列举了一些表达观点的常用句式，要求学生根据提示和观点明确的标准，用一个态度鲜明的判断句表述出自己的观点。

（屏显）

……是……	诚实是做人的基本品格。 青少年爱玩电子游戏是 _____ 。
……要/应当/必须……	人应当敬业、乐业。 人在困难面前必须 _____ 。
……能够/将会……	脸上常带微笑，能够让你更美丽。 勇敢面对困难，将会 _____ 。

参考样例：

……是……	诚实是做人的基本品格。 青少年爱玩电子游戏是 弊大于利的 。
……要/应当/必须……	人应当敬业、乐业。 人在困难面前必须 奋勇向前 。
……能够/将会……	脸上常带微笑，能够让你更美丽。 勇敢面对困难，将会 走向成功 。

教师引导学生进一步思考：这些观点是从什么角度拟定的，会常用到哪些句式。在问题的导向下，让学生进一步分析，得出正确观点的表述方法，如陈述性的肯定判断句更加适合来表达观点，此类句子有正确性、明确性、精确性的特点。观点可以是对实际情况的判断，也可以是按事理做出的推断，应该尽可能新颖深刻、独到别致。

（二）凸显观点明位置

教师引导学生回归教材，阅读第二单元的议论性文章，完成表格（见下表），学会在写作中凸显观点。

题　目	论　点	文章中的位置
《应有格物致知精神》		
《论教养》		
《敬业与乐业》		

参考样例：

题　目	论　点	文章中的位置
《应有格物致知精神》	我们应有格物致知精神。	题目
《论教养》	真正有教养、有风度必须以尊重的态度对待别人。	结尾
《敬业与乐业》	我确信"敬业乐业"四个字，是人类生活的不二法门。	开头

学生由此可知，议论性文章可以借助文题凸显观点，也可开篇亮明观点，还可以在结尾处总结观点。由此可见，中心论点的位置在文章中没有一定之规。

（三）构建框架证观点

教师指导学生分析《敬业与乐业》的论证思路，借助议论性文章各分论点的关系来构建议论文框架，帮助学生明确议论文的写作思路。

1. 温故知新明思路

（屏显）

通览全文，《敬业与乐业》整篇文章的论证思路是怎样的？分论点之间是什么关系？

作者在论证分论点要敬业时，论证思路又是怎样的？分论点之间关系又是怎样的？

此环节通过学生合作探究得出以下结论：《敬业与乐业》的三个分论点之间是并列关系；"要敬业"的论证思路是层层递进的，分别从"是什么、为什么、怎么办"的角度进行论证的。

教师小结：该议论性文章的各分论点之间呈现的是并列或递进关系，一般围绕着论题从"是什么、为什么、怎么办"的角度设立各分论点。

2. 讲练结合证观点

教师引导学生结合下列表格的提示，构建一篇议论文的框架。

辩论提纲		
中心论点	分论点	结构形式
提出问题	引论	
分析问题	本论	
解决问题	结论	

提示：注意思路要清晰、有层次。对选用的材料要进行具体分析，使之能够支持观点。

参考样例：

辩论提纲		
中心论点	好奇，往往是发现真理的第一步。	
提出问题	用名人名言引出文章的中心论点。	总
分析问题	因为好奇，所以主动探索未知。	分
	因为好奇，所以积极潜心研究。	
	因为好奇，所以质变突破创新。	
解决问题	得出结论，证明论点，发出倡议。	总

此环节让学生分小组进行互评，对有疑问的学生，教师再进行点拨指导。在此基础上，学生依据自己列的提纲，写一段议论性的文字。

四、写作实践

青少年应该如何对待时下流行的各种电子游戏？对此，你有什么看法？自拟题目，写一篇议论性的文章。不少于 600 字。

1. 对照评价量表

评价维度	自　评	他　评	改进意见
立意正确	☆☆☆☆☆	☆☆☆☆☆	
观点清楚	☆☆☆☆☆	☆☆☆☆☆	
态度鲜明	☆☆☆☆☆	☆☆☆☆☆	
语言简洁	☆☆☆☆☆	☆☆☆☆☆	
逻辑严密	☆☆☆☆☆	☆☆☆☆☆	

2. 示例点评

青少年应与电子游戏和谐共处

时代车轮滚滚向前，科技的发展日新月异，其中风光无限的电子游戏常常引发争议。家长们普遍认为电子游戏是洪水猛兽，但也有少部分家长视它为孩子放松的方式之一。那么，作为青少年的我们应该如何与之相处呢？

〔点评〕开篇直接引出话题——电子游戏，再用设问句式引出下文。

梁实秋曾经说过一句话："凡事不宜操之过急，放松一步，往往可以化险为夷"。我们对待电子游戏也应如此。电子游戏作为数字时代的产物，已经深深融入当下的生活。在电子游戏中，我们可以体验到前所未有的冒险，可以挑战自己的极限，可以结识五湖四海的朋友。这些都是电子游戏的独特魅力，因此我认为电子游戏并不是洪水猛兽，我们可以与它和谐共生。

〔点评〕通过事实点出中心论点，水到渠成。

对于我们来说，电子游戏成了我们很有效的解压方式。现在的学习越来越卷，我们不能松懈，也无法松懈。央广网曾评学生连上厕所的时间都快没有了，这话说得一点儿都不夸张。青少年们失去的不仅仅是自主支配的时间，更是自主意识的丧失。玩游戏可以放松自己，调节紧绷的神经，缓解疲劳。在游戏里我们可以毫无心理压力和负担，获得支配一切的自由。

我们在游戏中还可以增进团队合作意识，锻炼我们的思维和反应能力。在游戏世界里，团队合作已经成为许多游戏的必备技能。而有一些游戏还需要排兵布阵，使用各种进攻、防御技巧，非常考验一个人的综合反应能力，这些都锻炼了青少年的思维能力。

电子游戏也常作为青少年之间的谈论话题，不仅让我们在学习中得以放松，还能增加我们之间的共同语言，让我们更容易交到朋友，从而增进友谊。现在的青少年缺乏团体活动和体力劳动，独处更容易出现心理问题。人民日报健康客户端发布的《2022年国民抑郁症蓝皮书》数据显示，中国患抑郁症人数超过 9500 万，其中 50％是在校学生，41％曾因抑郁而休学。据调查，超半数学生认为通过网络游戏可以交到更多朋友，适当的电子游戏能够调节青少年的状态。因此电子游戏并不是我们家长口中的"电子鸦片"，应理性对待，不要谈虎色变。

〔点评〕立体内容分别从三个方面支持中心论点。

电子游戏并不是洪水猛兽，只要我们学会与之和谐相处，它就可以成为我们生活中的一道亮丽风景线。让我们以开放的心态去接纳它，以理性的态度去审视它，以自律的精神去驾驭它。相信在未来的日子里，我们一定能够与电子游戏和谐共处，共同创造更加美好的明天！

〔点评〕最后得出结论，教会我们如何正确处理与电子游戏的关系。

南昌市红谷滩区碟子湖学校　肖泽妤

言之有据　论则成信

——议论要言之有据（九上第三单元）

　　本单元写作教学课例以热门网络事件"秦朗丢作业"导入，引发学生对"个体失信"这一问题的讨论，而引出"诚信"这一论题，师生以这一论题为中心，通过"鉴赏·比对""思考·辨析""质疑·对话"三个活动，共同探讨总结出"确保材料的真实准确性""保证材料与观点的一致性""注意材料的丰富性"三个锦囊，并且当堂训练，让学生学以致用，写出言之有据的议论文。

学习目标

1. 学习使用真实准确、与观点一致的材料。
2. 注意材料使用的丰富性，增强文章的说服力。
3. 提升学生辨别、分析的思维能力。

思维导图

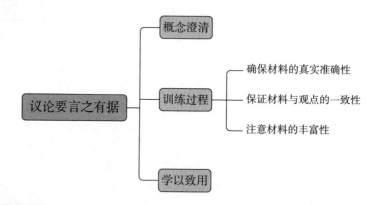

教学过程

一、导入环节

　　近日，一名网友"秦朗"在社交媒体上请求广大网友帮忙寻找自己不慎丢失在飞往巴黎的飞机上的寒假作业。消息迅速引发广泛关注，许多网友纷纷转发并留言表示愿意伸出援手。然而，事件发酵后，杭州警方介入调查，最终揭露了这起事件的真相：所谓的"丢作业"竟是一场精心策划的炒作。"秦朗丢作业"的闹剧终会落幕，但大家对诚信的追求却永不停歇。孔子说："人而无信，不知其可也"。

任务：以"谈诚信"为题，写一篇议论文。

师设疑：如何增强文章的说服力呢？接下来，通过四个活动进行探究学习。

二、明确概念

论据是用来证明观点的材料，论据分为事实论据和道理论据。"事实论据"是对客观事物的真实的描述和概括，包括具体事例、亲身经历等。"道理论据"是指为了论证某个观点正确或错误而引用的一些名人名言、谚语、古代文献等材料。

三、训练过程

1. 活动一：鉴赏·比对

师：以下关于"我们要有爱国情怀"的相关论据，你能看出有何不妥吗？

材料一：茅以升留美归来，临危受命，立志建造一条属于大清帝国的铁路。从 1905 年到 1909 年，历时四年终于将全长 200 公里的铁路建成，这是第一条由中国人自主修建的铁路。

材料二：两弹元勋邓稼先肩负起开拓祖国核事业的重任，离开自己的妻儿和双亲，毕生为祖国奉献，这样的爱国情怀让人由衷地敬重。

明确：材料二真实准确，材料一张冠李戴，不真实。

使用材料"锦囊一"：确保材料的真实准确性。

学以致用：

师：以下是观点"诚信是人与人之间的沟通桥梁"的论据，这两个材料是否能作为论据呢？

①在俄国，曾经有一个小男孩打碎了姑妈家的花瓶，恐惧的他在进行了思想斗争后终于鼓起勇气，向姑妈道出了真相，姑妈原谅了他。从此以后，小男孩再也没说过谎。他就是俄国革命家、思想家——列宁。正是因为诚信的美德，列宁长大后也逐渐与人民建立起诚信之桥，深受人民爱戴，成为俄国伟大的领袖。

②周幽王有个宠妃叫褒姒，幽王为博取她的一笑，下令在都城附近 20 多座烽火台上点起烽火，于是诸侯们率领兵将们匆匆赶到，当他们明白这是君王

的花招后愤然离去。褒姒看了后果然哈哈大笑。后来幽王又多次点燃烽火，最终导致诸侯们怨声载道，起兵谋反，国家灭亡。

明确：两个事实论据中，第一个真实准确，但第二个有违历史真实。

2. 活动二：思考·辨析

师：就"挫折使人奋进"这个论点，下面两则事例你会如何选择呢？

①被誉为中国"西部民歌之王"的音乐大师王洛宾，一生历经坎坷，多次身陷囹圄，妻离子散，长期处于心理压力极大的困境里。然而，他却以顽强的精神，创作了多首优美动听的西部民歌。

②有人在半夜送红包给汉代的名臣杨震，并对他说，你老人家尽可以收下来，确保无人知晓。杨震说："怎么没有人知道呢？天知，地知，你知，我知，起码有四方面都知道了。"杨家的堂名号"四知堂"由此流传千年。

明确：选择第一则材料，因为这则材料与论点密切相关。

使用材料"锦囊二"：保证材料与观点的一致性。

学以致用：

师：请结合论点"诚实守信是关于国家、社会发展的重要品德"，找出与论点一致性的论据。

①海尔公司刚刚创建时，总经理得知刚制造出的一批冰箱有瑕疵，不顾员工反对砸了冰箱。后来，海尔公司美名远扬，公司蒸蒸日上，并提升了"中国制造"在国际市场上的竞争力。

②曾子的妻子曾许诺孩子赶集回家后会杀一头猪，而妻子只是想哄哄孩子，让他安心待在家，可曾子却守诚信，去杀了一头猪。

明确：材料一，海尔公司的诚信行为使公司发展壮大，且提升了中国制造在国际的竞争力，这与论点一致。

3. 活动三：质疑·对话

请学生阅读下面这个片段，思考两个问题。

①"千里之行，始于足下。"我们迈出的每一步对我们的一生都会有重大影响。

②史铁生在二十几岁时不幸下肢瘫痪，他想到了自杀，可是，经过激烈的思想斗争，他战胜了自己。如果他不从死亡的边缘跨出一步，他的一生可能会因此改写。_____

③古语云："一步错，步步错。""一失足成千古恨。"这些话里包含着多少深刻的教训啊！

问题一：文段③能否去掉？为什么？

明确：不建议，因为前文的事实论据加上此处的道理论据，双管齐下，使文章极具说服力。

问题二：第二段横线上需要增加一个事实论据，以下两个事例，选哪一个？

A. 司马迁遭宫刑之辱，可是他以"死有重于泰山"的信念，在屈辱中与命运抗争，写成鸿篇巨作《史记》，成就了辉煌的一生。

B. 王青年身为四川省粮食储备局副局长，不想着兢兢业业地工作，却贪图享受，生活腐化，守粮人却失了"粮"心，最终落得个身败名裂的下场。

明确：选择 B，文中已经有一个正面的事例，增加一个反面的例子，能使材料丰富，更有说服力。

使用材料"锦囊三"：注意材料的丰富性。

四、写作练习

孔子说："人而无信，不知其可也。"诚信，自古就是一种美德。欺诈、造假等不讲诚信的现象历来为人们所深恶痛绝。

任务：以《谈诚信》为题，写一篇议论文。

要求：依据以上使用材料的三个锦囊完成写作；不少于 600 字。

1. 对照评价量表

评价项目	自　评	他　评
①有明确的中心论点	☆☆☆☆☆	☆☆☆☆☆
②论证材料真实准确	☆☆☆☆☆	☆☆☆☆☆
③论证材料与观点一致	☆☆☆☆☆	☆☆☆☆☆
④论证材料丰富	☆☆☆☆☆	☆☆☆☆☆
⑤论证结构合理，思路清晰	☆☆☆☆☆	☆☆☆☆☆

说明：议论文"言之有据"有三个秘诀，首先要确保材料的准确性；其次，使用材料还应保证材料与观点一致；最后，使用材料要注意材料的丰富性。

2. 示例点评

谈诚信

我国流传着许多有关诚信的名言，如"人无信不立，国无信不强""人而无信，不知其可也""言必信，行必果"，等等。的确，诚信是每个人安身立命的前提。生活在这个世界上，我们每天都要与不同的人打交道，如果失掉了别人对自己的基本信任，我们就是会成为人人避之的独行者。

〔点评〕通过名人名言，引出论题，同时以此作为道理论据，论证观点。

诚信是中华民族的传统美德。有诚信的人数不胜数，在历史的长河中熠熠生辉。商鞅立木取信，获得了百姓的信任，从而推行了新法；吏骃不负信，赢得了世人的尊敬；季札挂剑了却徐国国君的心愿，被传为千古佳话。

〔点评〕通过事实论据，论证了诚信的重要性。

然而，在21世纪的今天，诚信这一美德却被一些人逐渐淡忘。

与同学约好时间却没有准时出现，考场上抄袭作弊，毕业后迟迟不偿还助学贷款，这些难道不是发生在我们身边的事吗？这些难道与我们无关吗？也许你会说，这些只是微不足道的事，到了做大事的时候，我自然会讲诚信。

〔点评〕列举身边的反面事例，与前文形成一正一反的对比论证。

殊不知，高尚的品德是靠平时一点一滴的积累凝聚而成的，在小事面前尚不能以诚信严格律己，何谈大事？一旦养成了坏习惯只会让我们在背信的道路上越走越远。

我们诚信待人，付出的是真诚和信任，收获的是友谊和尊重。这是一种无形的财富，也是一笔沉甸甸的无价之宝。把诚信作为根基，我们的生命之厦才会更加稳固；携诚信上路，我们的生命之旅才会更加多彩！

〔终评〕

本文开篇以名人名言作为道理论据，既引出又论证了"诚信是每个人安身立命的前提"这一论点；然后举古今讲诚信的例子，准确有力地论证了这一论点；接着提出在21世纪的今天，诚信这一美德被淡忘的问题，从反面进行论证，从而与前文形成对比论证，发人深省；最后发出号召——"把诚信作为根基""携诚信上路"。文章结构完整，材料丰富。

南昌市新建区新建五中　吴瞒英

以小见大　引人入胜

——学写小小说（九上第四单元）

　　随着《义务教育语文课程标准（2022 年版）》的颁布，以及课程改革的不断深入，"尝试写小小说"被写入新课标的创意写作要求之中。这说明小小说有着重要的写作教学价值，既适合与初中记叙类文体的写作进行嫁接，又有利于落实语文学科核心素养。

　　本单元写作教学课例旨在抓住"创意表达"这一关键元素，充分利用部编本语文教材，探索当前初中语文小小说写作教学策略，以此提高初中生对小小说写作的兴趣，训练学生的小小说写作技巧，并通过增强"创新思维能力"来建构语文核心素养。

学习目标

　　1. 了解并把握小小说的体裁特征；
　　2. 向课文学写作，归纳并掌握写好小小说的写作技法；
　　3. 学以致用，能够尝试创作小小说。

思维导图

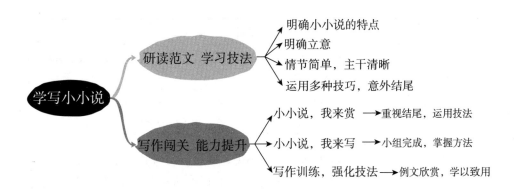

教学过程

一、情境导入

师：德国著名的剧作家布莱希特说："简洁是智慧的灵魂。"小小说便是如此，短短篇幅，却藏着生活百态、深刻哲思。本节课举办"小小说，大道理"故事会活动，在小小说中品味世间百态，讨论生活感悟，并尝试创作小小说，做到以小见大，引人深思。

二、明确概念

"小小说如斗方册页，须以小见大，言近意远，笔精墨妙，以己少少许，胜人多多许。"

——汪曾祺

明确：本单元写作学习任务——学写小小说。小小说，顾名思义，指微型的小说，就是用简短的篇幅，写下生活中一个有意思的故事或片段，以传达某种情趣、意旨。

三、训练过程

（一）研读范文，学习技法

语文教育艺术研究者钱梦龙曾说："文章之所以精警动人，往往是因为它所传递的思想是深刻的、新颖的。"小小说往往只截取生活中的只言片语，做到以小见大，抒发感悟或哲理，堪称"用一滴水的篇幅折射出社会的光辉"。让学生回顾本单元所学习的短篇小说，从中学习小小说的写作技巧。

（1）一切选材是为了中心服务的。

中心主旨	
《故乡》	揭示了广大农民生活痛苦的社会根源，表达了作者改造社会、创造新生活的强烈愿望。
《我的叔叔于勒》	这篇小说表现了小人物生活的辛酸，揭示了金钱社会中人与人之间的冷酷关系，表现了作者对于亲情的呼唤。

明确：这两篇短篇小说虽然不是小小说，但可以参考其写作手法，其都结合了当时的社会背景，从个人生活小事写起，以个人生活现状折射出时代特点。因而写小小说，要有明确的立意，通过借助小人物的经历传递出对社会、历史、人生的理解和思考。

（2）明确中心之后，要选择小人物的生活变化作为写作素材。让学生浏览、默读《故乡》，思考为突出"广大农民生活痛苦的社会根源"这一中心，作者选择了哪些材料，运用了哪些写作技巧。

故 乡	
中心	表达了作者对现实的强烈不满和改造旧社会、创造新生活的强烈愿望。
素材	通过对人物生活变化的前后对比，突出了细节刻画；闰土：小英雄——木偶人，辛苦麻木；杨二嫂：豆腐西施——"圆规"，辛苦恣睢；"我"：无忧无虑——异地谋生，辛苦辗转。

明确：文章以"我"回故乡的行踪为线索，着重刻画了闰土和杨二嫂这两个小人物的巨大变化，前后形成鲜明对比，揭示了腐朽封建思想和军阀混战对人民的压迫和摧残，表达了作者对现实的强烈不满和改造旧社会、创造新生活的强烈愿望。

（3）围绕"立意"选好素材后，还要学会运用技巧合理构思。

以《我的叔叔于勒》为例，作者通过巧妙构思，制造矛盾冲突，突出了文章的主旨。

明确：小小说人物少，情节简单，要吸引读者，就要"尺水兴波"，即精心构思，巧妙展开情节，写出波澜和起伏。《我的叔叔于勒》看似情节简单，实则蕴含着丰富的写作技巧。开篇用菲利普夫妇对于勒的热切期待巧设悬念；于勒长时间杳无音信为于勒的破产暗下伏笔；菲利普夫妇在轮船上与穷困潦倒的于勒巧遇，故事急剧反转，结局出人意料而又在情理之中。

（二）赏小小说，延伸技法

让学生阅读题为小小说《鞋》的两个版本，完成以下表格。

小小说	鞋（一）	鞋（二）
立意明确		
情节一波三折		
设置悬念、伏笔		
结尾深刻		

鞋（一）

一个傍晚，一位瘦瘦的军人来到修鞋摊旁：

"一个多月前，是不是有位大个子军人来这儿修过一只皮鞋？"

"啊？对呀。"

"要付多少钱？"

小鞋匠略一沉思，说："修鞋费一块五，外加一个月的保管费五毛，您给两块钱得了。"

军人把两块钱递给他，小鞋匠收好钱后，问："怎么大个子没来？"

"他上前线去了。"说完，军人转身走了。

鞋（二）

一天，两天，一个月过去了，每当日落西山的时候，小鞋匠都忍不住要向路口张望，希望能从落日的余晖中看到那个高大身影出现。但是，他没有看到。

又是一个傍晚，一位瘦瘦的军人来到修鞋摊旁："一个多月前，是不是有位大个子军人来这儿修过一只皮鞋？"

"啊……对呀。"

"要付多少钱？"

小鞋匠略一沉思，说："修鞋费一块五，外加一个月的保管费五毛，您给两块钱得了。"

军人把两块钱递给他，小鞋匠收好钱后，问："怎么大个子没来？"

"他……上前线去了。"说完，那军人转身要走。

"哎，"小鞋匠提起那只鞋，赶忙喊道："鞋子，鞋！"

军人止住了脚步，用低沉的声音对小鞋匠说："用不着了，他的双脚，已经在前线医院里……他特意来信嘱咐我把钱送给你，谢谢你了。"说完，军人迈着大步走了。

预设：

小小说	鞋（一）	鞋（二）
立意明确	诚实守信	反映了军人崇高的形象以及强大的精神力量（为国献身、诚实守信等）
情节一波三折	一场对话：瘦瘦的军人来还钱。 一次询问：询问大个子怎么没来。	（开端）一次等待：等待大个子军人出现。 （发展）一场对话：瘦瘦的军人来还钱。 （高潮）一次询问：询问大个子怎么没来。 （结局）一腔震撼：得知大个子军人在战场上失去了双腿。
设置悬念、伏笔		小鞋匠忍不住向路口张望，希望能从落日的余晖中看到那个高大身影出现。但是，他没有看到。
结尾深刻	留白	突转，留白

明确：第二个版本更引人入胜，因为第二个版本的小小说开篇巧设悬念，吸引读者思考取鞋人为何久久不来；结尾补充了大个子军人的结局，树立了一个为国献身的伟大军人形象，使这篇小小说的立意更丰富、更深刻。

3. "学写小小说"方法归纳小结。

（1）主干清晰，明确立意。

（2）设置悬念，埋下伏笔，前后照应。

（3）结尾深刻，以小见大。

（三）写作闯关，能力提升

1. 写作实践

（1）将《我的叔叔于勒》改写成一篇小小说，重新设计部分的故事情节，题目自拟。

（2）以《爱的误会》为题，写一篇小小说。

2. 对照评价量表

评价项目	自　评	他　评
①主干清晰，立意明确	☆☆☆☆☆	☆☆☆☆☆
②设置悬念，埋下伏笔，前后照应	☆☆☆☆☆	☆☆☆☆☆
③结尾独特，以小见大	☆☆☆☆☆	☆☆☆☆☆

说明：在进行小小说的初步创作时，应多鼓励学生注重主干清晰、立意明确，并在情节设置方面，运用悬念、伏笔、照应等写作手法，创设具有矛盾冲突感的情节，最后在结尾处巧妙凸显立意，达到以小见大的效果。

3. 示例点评

爱的误会

两道冰冷的泪水从脸颊缓缓流下，"嘭！——"林晓将手中的篮球狠狠砸向墙壁，转身冲进房间……

中考的压力如乌云般笼罩着林晓，她每日埋首于书海，眉头从未舒展过。周末，林晓难得放松，约同学去打球。刚走到门口换鞋，父亲就下班回来，看到她一身运动装扮，皱起眉头说："都什么时候了，还出去玩？中考迫在眉睫，学习去！"林晓满心的欢喜雀跃瞬间不见了，于是就有了开头一幕。

此后几天，林晓和父母陷入冷战，家里的气氛压抑得让人窒息。

一天晚上，林晓起夜路过父母房间，听到里面传来母亲的叹息："咱是不是管太严了，孩子都不跟咱亲了。"父亲也无奈地说："我还不是怕她考不上好高中，耽误前程，可这孩子咋就不懂呢。"林晓心里"咯噔"一下，回想起父母平日里虽唠叨却事事以她为先，早餐精心准备，深夜还为她留灯……她眼眶一热，才明白是自己误会了父母的苦心。

第二天清晨，林晓走进厨房，主动帮母亲打下手，轻声说："妈，我帮您。"母亲愣住，随即眼眶泛红，一家人的笑容在晨曦中慢慢绽放，误会就此消散，爱愈发醇厚。

〔点评〕

这篇小小说以生动细腻的笔触叙写了一个关于父母与孩子之间因误会而产生冲突的故事，林晓因一次无意间听到父母的心里话而与家长冰释前嫌。小小说情节紧凑，巧设悬念，情感真挚，用一件小事揭示了父母不善于表达爱的普遍现象，引发读者思考爱的表达这一主题。

南昌市高新区第一实验学校　徐　瑶

南昌市新建经开区第二中心学校　黄　萍

理据双行　论证合理

——论证要合理（九上第五单元）

本单元写作教学课例以"手机是否应该上交给家长"为论题，为学生写作议论文创设情境。通过课内外资料的展示，教师逐步引导学生在论证时做到论证要合乎逻辑，观点要一致，概念要统一；选择的材料要能支持论点，避免出现论据不相干或论据不足的情况；选择恰当的论证方法，且结构合理。然后教师组织班级辩论赛，让学生对所学内容进行实践学习，加深理解。

本单元写作教学课例，可以让学生体会如何使论证做到合理，培养学生的逻辑思维。

学习目标

1. 能够清晰、有逻辑地表达个人观点。
2. 学习选择合适的论据，使用多种论证方法，增强文章的说服力。
3. 学会运用提出问题——分析问题——解决问题的论证结构。

思维导图

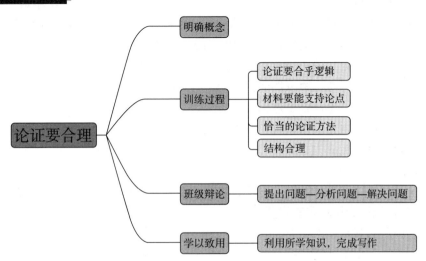

教学过程

一、导入环节

教师以"手机是否应该上交给家长保管"为论题，为学生写作议论文创设情境。

师：九月份开学，有家长反映同学们假期沉迷于手机，导致开学后同学们上课打瞌睡，眼神游离，没有学习兴趣。因此有的家长提出让同学们上交手机。我们班借此机会，开展以"手机是否应该交给家长保管"为论题的辩论赛，通过合理的论证来支持或反驳这一观点。

本单元写作教学课例，从情境创设的角度引导学生深入思考并表达自己的观点。让学生在表达的过程中，做到论证合理。

二、明确概念

写议论文，不管是立论还是驳论，都要摆事实、讲道理，使人信服你的观点。想要使人信服，必须做到论证合理。合理的论证，要求选用恰当的论据，运用适当的论证方法，准确阐明论据与观点间的逻辑关联。

三、训练过程

如何做到论证合理？

（一）论证要合乎逻辑

教师提出观点：好奇心对于人的成长很重要。

接着教师出示一段有关"李嘉诚因战乱家道中落，从修理钟表开始学起，转行做手表表带售货员、五金厂推销员、塑胶带公司推销员、玩具推销员等职业。因为李嘉诚的拼搏进取，年仅 18 岁的他就被提拔为业务经理，负责公司的全面业务，为他日后的创业奠定了坚实的基础"的事例。

教师让学生思考这个事例能否成为"好奇心对于人的成长很重要"观点的论据，是否做到了论证合乎逻辑，观点一致，概念统一。

学生小结：因为李嘉诚成功的背后是因为他自身拼搏进取，并非好奇心，所以这段事例不能成为"好奇心对于人的成长很重要"观点的论据，观点不一致，概念不统一。

师生经过探讨得出结论：论证必须合乎逻辑，观点要一致，概念要统一。

（二）论证的材料要能支持论点

教师提出观点：大丈夫需要有骨气。

接着教师出示汪精卫投敌的事实论据，介绍汪精卫曾是国民党的重要领导人之一，但在抗日战争期间，他选择了与日本侵略者合作，成立了伪国民政府。他的这一行为被广大中国人民所唾弃，被视为缺乏骨气的典型。

教师还出示了"马云在创业初期面临诸多困难和挑战，但他从未放弃，带领阿里巴巴取得了巨大的成功"的事例。这一成就不仅证明了马云的商业智慧和领导能力，也证明了骨气对于人成功的重要性。

教师让学生结合以上两个事例，思考它们是否能成为"大丈夫需要有骨气"观点的论据。

学生小结：因为汪精卫投敌卖国，身上没有骨气，所以论据与论点不相干。而马云取得成功的主要因素是自身不惧挑战，充满领导智慧，身上的骨气只是他成功路上的附加因素，因此这两个事例都不能成为"大丈夫需要有骨气"观点的论据。

师生经过探讨，得出结论：使用的论据要能支持论点，避免出现论据不相干或论据不足的情况。

（三）论证方法恰当

教师提出观点：我们要在平凡的环境中创造不平凡，在单调的环境中创造不单调。

接着教师展示片段文字：有人说，环境太平凡了，不能创造。平凡无过于一张白纸，八大山人挥毫画了几笔，便成为一幅名贵的杰作。有人说，生活太单调了，不能创造。单调无过于坐监牢，但是就在监牢中，产生了正气歌。

可见平凡单调，只是懒惰者之遁词。我们要在平凡的环境中创造不平凡，在单调的环境中创造不单调。

教师引导学生思考展示的内容使用了哪些论证方法，论证结构是怎样的。

学生回答：使用了举例论证（列举八大山人和正气歌的例子）和对比论证（将认为不能创造的人与八大山人、文天祥进行对比）的论证方法，采用了"提出问题——分析问题——解决问题"的结构。

提出问题：有人说，环境太平凡了，不能创造；生活太单调了，不能创造。

分析问题：只是懒惰者之遁词。

解决问题：我们要在平凡的环境中创造不平凡，在单调的环境中创造不单调。

师生经过探讨，得出结论：论证要选择恰当的论证方法，结构要合理，思路清晰，才便于读者理解。

四、组织辩论赛

教师组织班级辩论赛，学生分成八个小组，每组 6 人，其中 3 人扮演家长，另外 3 人扮演孩子来进行辩论。

正方持"孩子自己保管手机，无需上交给家长"的观点。

正方运用对比论证、比喻论证的方法，列举有手机的好处和没手机的不方便；还认为手机像指南针一样，可以为生活提供便利。最后得出结论：学生自己保管手机，无需上交给家长。

反方持"为了不影响孩子学习和生活，手机应该上交给家长"的观点。

反方运用举例论证、对比论证的方法，列举班级某同学因长时间使用手机，导致视力下降的例子，阐述使用手机与不使用手机对生活健康、兴趣爱好的影响。最后得出结论：为了不影响孩子学习和生活，手机应该上交给家长的观点。

小结：正反双方辩手的论证都做到了合乎逻辑，观点要一致，概念要统一；使用的论据能支持论点，避免了出现论据不相干或论据不足的情况；都选择了恰当的论证方法，论证的结构合理。

五、评价与实践

（一）布置写作任务

教师给学生布置一个写作任务，对"手机是否应该上交给家长保管"进行论证，写一篇不少于 600 字的议论文，要求做到论证合乎逻辑，观点一致，概念统一；使用的材料要能支持论点，避免出现论据不相干或论据不足的情况；选择恰当的论证方法；论证的结构合理，思路清晰。

（二）评价及修改

1. 对照评价量表

评价项目	自 评	他 评
①有明确的中心论点。	☆☆☆☆☆	☆☆☆☆☆
②论证要合乎逻辑，观点要一致，概念要统一	☆☆☆☆☆	☆☆☆☆☆
③使用的材料要能支持论点，避免出现论据不相干或论据不足的情况	☆☆☆☆☆	☆☆☆☆☆
④选择恰当的论证方法	☆☆☆☆☆	☆☆☆☆☆
⑤论证结构合理，思路清晰	☆☆☆☆☆	☆☆☆☆☆

2. 示例点评

让孩子自己保管手机：时代的需求与成长的助力

在快速发展的数字时代，手机已不仅仅是一种通信工具，它更是连接知识、安全与便捷生活的桥梁。因此，我认为家长应当允许孩子自己保管手机，以充分利用其带来的诸多好处，同时培养孩子的自我管理和责任感意识。

〔点评〕开篇以介绍手机的作用引出中心论点——家长应当允许孩子自己保管手机。

从安全角度来看，手机无疑是孩子与家长之间一条至关重要的沟通纽带。想象一下，如果孩子放学后因某些原因未能按时回家，而又没有手机作为联系工具，家长将无法及时了解孩子的行踪与安全状况。正如古希腊名医希波克拉底所强调的"预防胜于治疗"，让孩子随身携带手机，意味着他们能够在遇到任何紧急情况时迅速与家长取得联系，有效减轻家长的焦虑情绪，并能在第一时间采取应对措施，将潜在的风险降到最低。

手机在学习上的重要性不容忽视。在知识爆炸的当代，手机已成为孩子们获取学习资源的重要渠道。无论是快速查找研学资料、便捷参与在线课程，还是利用教育类 APP 进行自主学习，手机都以其独特的优势，成为孩子们学习路上的得力助手。它不仅拓宽了学习的边界，还提高了学习的效率和趣味性，让孩子们在轻松愉快的氛围中掌握更多的知识。

手机在出行方面也展现出了巨大的优势。它像指南针一样指引方向，甚至通过地图和导航应用，比传统的指南针更加精准和高效。此外，手机还能像千里眼一样，提前查看路况，帮助孩子规划最佳出行路线。这种便捷性不仅节省了时间，还提高了出行的安全性和舒适度。

让孩子自己保管手机，不仅能保障孩子的安全、促进学习进步、提高出行便捷性，还能顺应时代发展的需求。因此，我恳请家长们能够给予孩子更多的信任和支持，让他们在数字时代中自由翱翔。

〔点评〕全文中心论点明确，并从安全角度、学习角度、出行角度等方面进行了论证。论证结构为：提出问题（家长应当允许孩子自己保管手机）——分析问题（列举三个分论点）——解决问题（恳请家长们能够给予孩子更多的信任和支持，让他们在数字时代中自由翱翔）。

南昌市青山湖区义坊学校　朱海聪

善用思维方法　提炼写作技巧

——学会深入思考（九上第六单元）

部编本语文教材八年级上册第四单元的《白杨礼赞》中使用了横向联系法，将自然景物与人文精神巧妙结合，不仅赋予了白杨树的象征意义，也拓宽了读者的思维视野。部编本语文教材九年级上册第六单元《邹忌讽齐王纳谏》则通过邹忌善于观察、思考和分析，进行类比推理，找到事物之间的内在联系。这两篇课文都是训练学生发散思维的宝贵资源。

本单元写作教学课例借鉴课本资源，帮助学生在分析文本深层意蕴的基础上提炼写作技巧，并通过"盲人摸象"等故事引导学生认识多角度思考的重要性，教授多种写作思维方法；通过故事导入、情境创设等方式，激发学生兴趣，引导学生正确选择和处理素材；通过研读范文、搭建写作支架等方式，帮助学生逐步深入构思，形成写作框架；最后通过对照评价量表和示例点评，指导学生对习作进行评价和修改，提升写作水平。

学习目标

1. 学生能够理解深入思考的重要性，掌握多种思维方法，并能在写作中灵活运用。

2. 通过课堂讨论、案例分析、写作实践等活动，培养学生的独立思考能力和多角度分析问题的能力。

3. 激发学生对生活中细微变化的关注，培养积极观察、主动思考的习惯，理性对待他人的意见。

思维导图

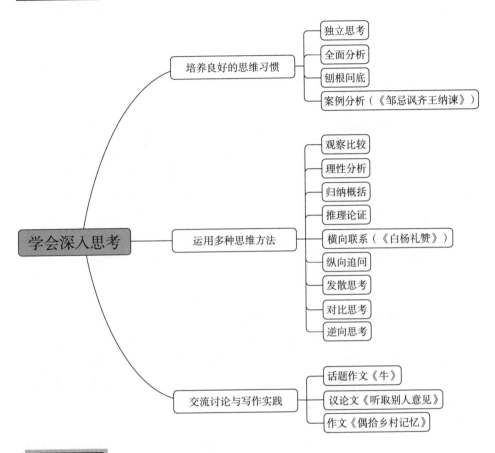

学会深入思考
- 培养良好的思维习惯
  - 独立思考
  - 全面分析
  - 刨根问底
  - 案例分析（《邹忌讽齐王纳谏》）
- 运用多种思维方法
  - 观察比较
  - 理性分析
  - 归纳概括
  - 推理论证
  - 横向联系（《白杨礼赞》）
  - 纵向追问
  - 发散思考
  - 对比思考
  - 逆向思考
- 交流讨论与写作实践
  - 话题作文《牛》
  - 议论文《听取别人意见》
  - 作文《偶拾乡村记忆》

教学过程

一、导入环节

通过一个有趣的故事或视频，引导学生认识到从不同角度思考的重要性，并引出"深入思考"的话题。然后，教师讲述"盲人摸象"的故事，引导学生讨论"为什么每个盲人的描述都不同"，强调多角度思考的重要性。

二、明确概念

在教学过程中，教师应引导学生学会独立思考，不盲从，不偏激，以客观、全面的视角剖析问题；善于运用多种思维方法，进行推理论证，并掌握横向联系、纵向追问、发散思考、对比思考、逆向思考等一系列的思维技巧。

明确：本单元作文学习任务——学会深入思考，对于学生写作至关重要。观察比较、理性分析、归纳概括、推理论证等思维方法在写作中加以应用，可以拓宽学生的写作思维，深化其对于特定情境的认识，让学生的文章立意更加深刻。

三、训练过程

1. 素材积累与选择

（1）创设情境，激发兴趣。

故事导入。教师通过讲述《邹忌讽齐王纳谏》的片段，引导学生进入故事情境。教师提问："邹忌是如何通过观察、思考和分析来向齐王提出治国建议的？"

引导学生分组讨论邹忌的思维过程。每组派代表分享讨论结果，教师总结邹忌独立思考和全面分析的方法。教师提问："这种思维方式对我们写作时选择和处理素材有什么启示？"

引导学生思考：如果我们要写一篇关于提出建议或解决问题的文章，我们该如何模仿邹忌的思维方式？

（2）明确方向，选择材料。

教师布置一个话题作文——《牛》，引导学生如何选材。教师提问："关于'牛'，可以从哪些角度去写？它的哪些特点或故事可以作为素材？"

引导学生思考"牛"的勤劳、坚韧等象征含义以及它在农耕文化中的重要地位，比如可以讲述一个关于牛的真实故事，或者描述牛在农田中辛勤工作的场景。

预设：牛是勤劳、坚韧、稳重、耐心的象征。牛有耕作、运输、提供乳制品等作用。个人经历和观察包括回忆与牛相关的经历，如乡村生活、农场参观等以及观察牛的行为习性。

教师应鼓励学生分享自己与"牛"相关的经历或观察。教师提问："在你的经历或观察中，有哪些关于"牛"的素材是独特且具有感染力的？"

教师指导学生如何筛选具有代表性和感染力的素材，并提问："在众多素材中，如何判断哪些是最适合用于这篇作文的？"引导学生将筛选出的素材进行整合，形成初步的写作框架。

预设：

开头，引入话题，可以是一个关于牛的有趣故事，然后简述牛在农耕文化中的重要性。

主体部分

第一段，描述牛的象征含义，如勤劳和坚韧等，并用具体事例来说明。

第二段，详细阐述牛在农耕文化中的地位和作用，如结合历史背景和现实情况等加以说明。

第三段，分享个人的经历和观察，讲述与牛相关的感人的故事，强调牛对人类生活所做的贡献。

结尾，总结牛的重要性和价值，引发读者思考：人类应如何更好地对待和保护牛这一物种。

2. 构思及预写

（1）研读范文，归纳写法。

探讨《白杨礼赞》是如何运用横向联系法将白杨树与北方农民联系起来的，通过分析这一经典范文，学习如何通过象征、隐喻等修辞手法来增强文章的表达力。

（2）搭建支架，拾级而上。

在构思过程中，帮助学生搭建写作支架，引导他们逐步深入学习。

教师布置写作任务：鲁国以弱胜强，齐国战胜于朝廷，都得益于有识之士的劝谏和国君的勇于纳谏。在生活、学习中，我们经常会面对别人的规劝。如何理性对待别人的意见，请以"听取别人意见"为话题，写一篇议论文。要求题目自拟，不少于600字。

①确定立意与题目。

立意：探讨"理性对待他人意见"的重要性，分析如何有效听取建议，以促进个人成长。

题目：如"善听人言，智行天下""明理纳谏，成就非凡"等，简洁明了，体现了文章的主旨。

②开篇引入。

背景介绍：简述鲁国以弱胜强、齐国战胜于朝廷的历史典故，强调有识之士劝谏与国君纳谏的关键作用。

提出问题：引出生活、学习中会常遇到如何听取他人规劝的情境，提出如何理性对待别人意见的问题。

阐明重要性：简述理性听取意见对于个人成长、团队协作乃至国家治理的重要性。

③主体论述。

鉴别价值：从专业性、经验、善意等角度分析哪些意见值得听取，并让学生讨论"盲目听从"与"一概拒绝"的危害。

方法与态度：阐述为何需要以开放的心态来接纳不同的意见；介绍如何运用批判性思维分析意见的合理性与适用性；讨论如何通过有效沟通进一步理解意见背后的逻辑与意图。

实践应用：举例说明在个人经历或社会案例中成功听取意见并带来正面影响的事例，反思未能有效听取意见导致的失败教训。

④结尾总结。

重申观点：重申理性听取别人意见的重要性及其对个人和社会的积极影响。

呼吁行动：鼓励读者在日常生活中积极实践，培养善听人言、明理纳谏的习惯。

展望未来：简述若社会普遍形成善于听取意见的风气可能带来的积极变革。

四、评价与实践

（一）布置写作任务

我们生活的社区（乡村）看似千篇一律，毫无变化，但只要用心观察、体验，你会发现每天都在发生着新的变化，美好的事物、心动的瞬间总是与我们不期而遇。请以《偶拾社区（乡村）记忆》为题写一篇作文，不少于600字。

（二）评价及修改

1. 对照评价量表

评价项目	评价指标	自　评	他　评
观点	明确提出自己的观点，表述清晰，态度鲜明	☆☆☆☆☆	☆☆☆☆☆
	能够对观点作出限定，审慎立论	☆☆☆☆☆	☆☆☆☆☆
	能够对论述涉及的关键概念作出解释说明	☆☆☆☆☆	☆☆☆☆☆
论据	运用的材料足以对观点形成支撑	☆☆☆☆☆	☆☆☆☆☆
	材料客观、准确、权威，引用有出处	☆☆☆☆☆	☆☆☆☆☆
	论据类型多样，既有事实，也有道理	☆☆☆☆☆	☆☆☆☆☆
论证	论证思路清晰，符合逻辑，正反结合	☆☆☆☆☆	☆☆☆☆☆
	能够对论据进行必要的分析，建立起观点和论据之间的关联	☆☆☆☆☆	☆☆☆☆☆
	灵活运用多种论证方法	☆☆☆☆☆	☆☆☆☆☆
表达	表达流畅，文从字顺，结构完整，无错别字，无病句	☆☆☆☆☆	☆☆☆☆☆
	语言恰如其分，态度理性	☆☆☆☆☆	☆☆☆☆☆
描述性评价			

说明：鼓励学生深入思考，能进行横向、纵向、多角度地分析，并运用类比、推理、归纳等多种思维方法，调动自己已有的素材进行构思，写出提纲，完成作文，力求做到观点有深度，情感有梯度。

2. 示例点评

偶拾乡村记忆

在这个快节奏的时代，我们常常忙于奔波，忽略了身边的细微变化与美好。然而，当我放慢脚步，用心去观察、体验我所生活的乡村时，发现这里并非一成不变，而是每时每刻都在上演着新的故事，散发着独特的魅力。

〔点评〕开篇即点明现代生活的快节奏与常忽略身边美好的问题，进而引出放慢脚步、用心观察生活的主题。

清晨，当第一缕阳光穿透薄雾，洒在蜿蜒的小径上，乡村的一天悄然开始。老人们习惯性地早起，或是在村口的老槐树下晨练，或是沿着熟悉的小路散步，他们的脸上洋溢着满足与宁静。这样的场景，简单却温馨，让人不由自主地放慢脚步，享受这份宁静。

〔点评〕细腻描绘了清晨乡村的景象，通过老人的晨练与散步，展现了乡村生活的宁静与满足，语言优美，画面感强。

午后，阳光变得柔和，孩子们放学归来，欢声笑语充满了每一个角落。他们或是在空地上追逐嬉戏，或是在老屋前帮爷爷奶奶晒谷子，那份纯真的快乐，如同夏日里的一缕清风，让人心旷神怡。偶尔，一两只蝴蝶掠过花丛，也加入了这场欢乐的盛宴。

〔点评〕描写了午后孩子们的活动，通过他们的纯真快乐与自然的互动，传达出乡村生活的无忧无虑与清新宜人。

傍晚时分，夕阳如血，将天边染成一片绚烂。家家户户开始升起袅袅炊烟，那是晚餐的信号，也是归家的呼唤。邻里间不时传来亲切的交谈声，分享着一天的趣事，这份淳朴的人情味，让乡村的生活更加温馨和谐。

〔点评〕夕阳下的乡村，通过炊烟、邻里交谈等细节，勾勒出一幅温馨和谐的画面，强调了乡村生活的淳朴与人情味。

夜幕降临，星空璀璨，没有了城市的喧嚣，这里的夜晚格外宁静。偶尔能听到远处的蛙鸣和近处的虫鸣，构成了一曲美妙的自然交响乐。人们或围坐一起，讲述着古老的故事，或独自仰望星空，享受这份难得的宁静与自由。

〔点评〕描绘了夜晚乡村的宁静与星空之美，通过自然声音与人们活动的描述，展现了乡村夜晚的独特魅力。

〔总评〕

整篇文章以"偶拾乡村记忆"为主题，通过细腻的观察与生动的描绘，展现了乡村生活的宁静、和谐与美好。作者从清晨到夜晚，通过不同时间段的场景切换，全面而深入地呈现了乡村生活的丰富多彩。

南昌市新建区第五中学　戴建军

精选角度　添枝加叶

——学习扩写（九下第一单元）

本单元的表达训练要素是"学习扩写"，这完全符合《义务教育语文课程标准（2022 年版）》对九年级学生的要求"能根据文章的基本内容和自己的合理想象，进行扩写。"

"学习扩写"的写作实践散见于初中语文教材各册的课本中，如七年级上册第二单元《学会记事》给指定语段"添枝加叶"，七年级上册第 20 课把《狼》扩写成一则白话文故事，八年级下册第 24 课《唐诗三首》第五题"任选一首诗扩写成一则小故事"等。

根据学情发现，大部分学生并没有完全掌握这种写作形式，要么找不准需要扩写的点，要么缺乏想象能力，细节描写不够生动等。"学习扩写"既要忠于原文，又要根据文章中心的需要，选择合适的点，有针对性地进行"添枝加叶"，还要注意文章内容的一致性。

学习目标

1. 阅读材料，能把握内容要点，找准扩写点。
2. 向课本学写作，归纳总结扩写的常用方法，学以致用。
3. 通过扩写训练，培养学生的核心素养。

思维导图

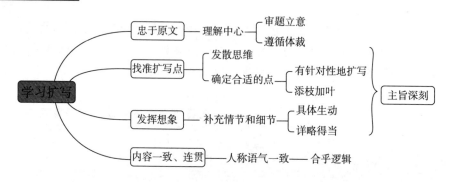

教学过程

一、激趣导入

教师讲述一句话扩写《曹刿论战》的案例，让学生初步感知扩写的魅力，从而激发学生学习扩写的兴趣。

（屏显）

春秋时候的齐鲁之战是一场著名的以少胜多的战争，在《春秋》中，这个故事只有一句话"王正月，公败齐师于长勺。"但在《左传》中，这个故事被演绎成《曹刿论战》，详细描写了曹刿的政治远见和军事才能，这就运用了一种写作方式——扩写。

二、明确概念

在进行扩写训练时，学生经常要在忠于原文的基础上进行发散思维。所谓发散思维，也叫辐射思维、放射思维或扩散思维，是指在解决问题的过程中，思维能够沿着许多不同的方向和角度扩散，从而找出多种可能的答案、解决方案或新的思维方式。

三、学习过程

当面对一个简短的小故事时，应该如何进行扩写呢？一般来说，教师可通过安排以下三个环节让学生进行扩写训练。

（一）素材积累与选择

1. 创设情境，激发兴趣

为了激发学生的写作兴趣，教师可以创设以下情境。

学校举行"扩写并分享故事"比赛，要求参赛者把"老师夸她有出息，她笑了。"扩写成一个完整、生动的故事，并择优在学校公众号上进行推送。

学习要点：忠于原文，展开合理想象，综合运用多种描写手法。

2. 明确方向，选择材料

如何选择材料呢？可采用追问法：①故事的六要素分别是什么？（故事发生的时间、地点、人物、起因、经过、结果）；②这是一位怎样性格的老师，平常会经常表扬学生吗？夸她有出息时的语言、动作、神态分别是怎样的？③她是一位怎样性格的学生，听到老师的夸赞之后的表情、动作、语言、心理分别如何？④能否穿插被夸赞前后的环境描写。

（二）构思及预写

1. 研读范文，归纳写法

请学生快速阅读七年级上册第21课《女娲造人》，并对比《风俗通》中的记载，找出作者的想象（人、事、景等）表现了哪些内容，进而归纳出扩写常用的技法：中心词追问法、细节还原法、环境穿插法等。

《风俗通》原文	《女娲造人》	扩写技法
女娲抟黄土作人	围绕中心词"造人"，追问为什么和怎么造人？	1. 用"中心词追问法"扩写情节
俗说天地开辟，未有人民	添加女娲孤独行走在原野时的心理、神态、动作描写	2. 用"细节还原法"扩写人物
无环境描写	补充女娲造人前和造人时的环境	3. 用"环境穿插法"丰富内容

2. 搭建支架，拾级而上

为了完成扩写故事的任务，教师可安排学生依次进行扩写一句话、扩写一段话、扩写一篇文章的写作训练。

（1）扩写一句话。让学生以做游戏的形式呈现，后一句在前一句的基础上进行添加，使之越来越生动。

示例：

①她骂他懦夫。（中心扩写点）

②她早已被气得浑身颤抖，怒火中烧，她怒睁杏目，用手指着他的鼻尖狠狠地骂道："你真是个懦夫！，我很鄙视你！"（添加修饰词、动作、语言、神态描写）

③其实，她早已被气得浑身颤抖，怒火中烧，但她还是在不断地告诫自己：不要骂人！要控制自己！可最终实在是忍无可忍，她怒睁杏目，用手指着他的鼻子骂道："你真是个懦夫！我极其鄙视你！"（添加心理描写）

（2）扩写一段话。引导学生进行比较，由感性到理性，归纳扩写方法。

原文：

关张在外立久，不见动静，入见玄德犹然侍立。张飞大怒，谓云长曰："这先生如何傲慢！见我哥哥侍立阶下，他竟高卧，推睡不起！等我去屋后放一把火，看他起不起！"云长再三劝住。玄德仍命二人出门外等候。（节选自九年级上册第24课《三顾茅庐》）

示例一：

关羽、张飞在门外站了很久，没听到任何动静，看到刘备还站在院子里，张飞很生气地对关羽说："这位先生怎么如此傲慢，眼见着哥哥在门外站着，他竟然安心睡觉，推说睡觉不愿开门。等我去屋后放一把火，看他起不起来。"关羽再三劝住他。刘备仍然命令他们二人在门外等候。

（这个片段虽忠实于原文，但只是对原文进行了翻译。）

示例二：

刘、关、张兄弟三人一路奔波终于到了隆中。诸葛亮正在睡午觉，刘备顾不得路途的疲劳，让大家在外面静候。自己轻手轻脚走进里屋，静静地站在房门外等候。早春的天气仍有几分寒冷，未褪去的寒意充斥着周围的空气，时间就在风中流逝。急性的张飞没见过这么傲慢的人，见哥哥踱来踱去，于是难以忍耐，破口大骂道："在门外苦心等待，他却安心睡觉，我现在就去他屋后放火，看他起不起来！"刘备一时大怒，道："我们是来求见先生的，怎么这般无礼，只要能见得孔明先生一面，等再久都无妨！"关羽和张飞无可奈何依了哥哥的话，只得继续在门口等候。

（此段文字准确把握了原文的主旨：巧借关羽、张飞的表现，有力地衬托出刘备竭诚求贤的精神。这段文字找准了扩写点，添加了刘备的神态、动作、语言及环境描写，想象合理，扩写成功）

（3）扩写一篇文章。

请将下面材料扩写成一篇内容丰满、主旨深刻的文章，并讲给你的亲朋好友听，使之从你的讲述中获得启迪。要求：（1）题目自拟；（2）不得泄露个人信息；（3）不少于600字。

清晨，几个人在郊外散步，忽然听到一阵凄厉的鸡叫声，只见一个人抓着一只鸡走来。鸡尾羽略长，颇似野鸡。散步人问："敢抓野鸡？"那人气愤地说："邻居家的公鸡！半夜啼叫，害得我一夜没睡，我一早就把它买来，马上就让它变成盘中餐！"散步人笑而不语。

明确方向选择材料：这是一道材料作文题。考生只要有明确的主旨，进行想象和联想，多进行细节描写训练即可。可选择材料所涉及的一个对象（公鸡、买鸡人、散步人）作为主人公，通过它或他的见闻和感受去完成扩写。如可在开篇借助环境描写，自然引出下文。或还原买鸡人在半夜受扰的场景和种种表现，抑或于借助材料中的矛盾点"究竟是公鸡还是野鸡？为什么买鸡人要特别强调是公鸡？散步人为何笑而不语？"等方面展开描写。

（三）评价及修改

学生完成扩写任务后，教师引导学生对照如下评价量表，逐项进行自评和他评。

1. 对照评价量表

评价项目	自 评	他 评
①忠于原文，准确理解原文的中心思想	☆☆☆☆☆	☆☆☆☆☆
②找准扩写点，有针对性地进行扩写	☆☆☆☆☆	☆☆☆☆☆
③发挥想象，补充情节，细节描写生动	☆☆☆☆☆	☆☆☆☆☆
④内容一致、连贯，人称语气一致	☆☆☆☆☆	☆☆☆☆☆
⑤能进行创意表达（如：变换视角法；误会、巧合法等）	☆☆☆☆☆	☆☆☆☆☆

说明：学习扩写时，要求学生要忠于原文，找准扩写点，发挥想象，补充情节，描写生动。学生完成作文后，引导学生进行自评和他评，真正体现"教学评一致性"。

2. 示例点评

原文：

老师夸她有出息，她笑了。

扩写片段：

考试已经结束了，可成绩迟迟未公布。她便悄悄地来到办公室，打算向老师询问成绩。她微微张口，睁大眼睛，仿佛要说些什么，却又沉默了。她的心中满是紧张，似乎有千斤的重物压在她的心头。她快要喘不过气来了，那沉重的呼吸声在安静的办公室里格外明显。若是不知情，会误以为她是做了坏事的学生。她的脑袋低垂，眼神不断地躲闪着，从大理石地板看到桌子，从桌子看到鞋子上，接下来是数秒的沉默。老师和蔼地问道："怎么了？"，她思索再三，用尽全力挤出几个字来："老……师，我的……考试成绩……"。这一刻，仿佛一切都静止了。"你的成绩不错，再接再厉啊，我就知道你肯定是个有出息的孩子。"老师的回答犹如一颗定心丸使她的极度紧绷的心弦舒展开来。

〔点评〕开篇点明故事发生的时间、地点、人物、起因，通过动作描写、神态描写、心理描写、语言描写等方式生动传神地传达出她很想知道自己的成绩，又担心考差挨批的矛盾心情。老师的夸赞符合人物和蔼可亲的性格特点，为后文写"她笑了"作铺垫。

听到这个天大的好消息后，她简直不敢相信这是真的。她大口呼吸着空气，感到自己的胸口不再沉重了，但心跳却更快了，这是兴奋、是幸福。她直立起来，挑了挑眉头，手指不停地互相摩擦。她想要强装镇定，可她心中的喜悦无法言说。天上，白云飘过。她看向窗外那只破茧而出的蝴蝶，它也终将飞翔于广阔的天地之间。她微微抿嘴，脑海中再次闪过老师的话语，她笑了。那双纯洁明亮的眼睛，那无限的生气与活力啊。她笑了，轻轻地闭上了眼睛，沉浸在胜利与被肯定的喜悦中。

〔点评〕这一段是描写她听到老师夸赞后的心理感受，细微的动作描写，生动的环境描写、传神的神态描写都极具画面感，使人身临其境。

江西师范大学附属中学　罗文华

拨云见日　脱颖而出

——审题立意（九下第二单元）

审题和立意是写作过程中不可或缺的两个环节。本单元的写作训练为"审题立意"，旨在培养学生的审题能力和立意能力，使其能够准确理解题目的要求，确立新颖深刻的主题，为第三单元写作训练主题"布局谋篇"做准备。

学习目标

1. 通过自主学习与范例研讨，学生能够提炼并理解审题、立意的要素。
2. 通过练习，学生能够运用逆向思维、联想等进行创新。

思维导图

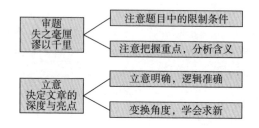

教学过程

一、图片导入

教师先从江西的文化——八大山人的落款入手，引导学生对下图进行观察，学生从图片中发现落款除了能看出作者的名号之外，还可以看出图片背后的深意和一个像"笑"的表情。

在导入环节，教师从学生熟悉的地方文化入手，激发学生的阅读兴趣。
（屏显）

教师再出示一张图片（见下图），提示学生将两张图片作对比。在这张图中，八大山人的落款显示出"哭"的表情。

明确：这种独特的书写方式，代表了作者作画时的心情，也反映了作者一生中的坎坷与无奈。"哭之与笑之"不仅是八大山人署名方式的独特体现，更是他一生情感和人生经历的深刻反映。

（屏显）

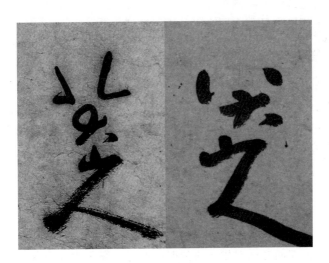

通过导入图片，让学生明白，既要看懂图画的语言，也应学会读懂材料作文背后的深意。

二、抓准关键词，审题目之意

教师出示材料，通过具体的材料引导学生以抓关键词的方式学会审题目之意。

"在浩瀚的宇宙中，地球不过是一粒微尘；在历史的长河中，人的一生不过是短暂的一瞬。然而，正是这微小的存在，却能绽放出耀眼的光芒，留下深刻的印记。"结合以上材料，请你以《微光不朽》为题，写一篇作文。

教师引导学生关注题目《微光不朽》中的限制条件和重点词语，如"微"和"不朽"。并提问学生：你们认为"微光"和"不朽"分别代表什么？它们之间有何联系？

学生仔细阅读题目和材料，思考"微光"和"不朽"的象征意义。

小组讨论，分享各自对题目的理解，并尝试提炼出文章的中心思想。

教师小结：在进行材料作文的审题过程中，要注意以下几点：

（1）关注题目中的限制条件。

题目中的"光"有象征意义，它可以指信仰、理想、价值取向等。

（2）关注、把握题目中的重点。

《微光不朽》：限定词——微，指个体生命在宇宙和历史面前十分渺小，并强调这种渺小感可能带来的无力与迷茫。含义——不朽，即探讨个人如何在有限的生命里追求不朽的价值。

审题要诀：

（1）关注题目中的限制条件。

（2）关注题目中具有多层含义的中心词语。

三、抓重要方法，立文章之意

教师继续出示上一个环节的材料，引导学生学会用不同的方法破题。

"在浩瀚的宇宙中，地球不过是一粒微尘；在历史的长河中，人的一生不过是短暂的一瞬。然而，正是这微小的存在，却能绽放出耀眼的光芒，留下深刻的印记。"结合以上材料，请你以《微光不朽》为题，写一篇作文。

1. 教师引导学生从"立意要明确、立意应丰富，尽量求新、立意有深度"等角度思考《微光不朽》可以从哪些方面立意，并给出示例。

〔示例1〕

个人成长与自我实现：

聚焦于个体如何在面对生活挑战时，通过不懈努力和自我超越，实现个人价值，从而成为照亮他人的一束微光。

如以坚韧与不屈的"微光"——以斯蒂芬·霍金为例。

在轮椅上，斯蒂芬·霍金以他那不屈的意志，成为探索宇宙的"巨人"。面对渐冻症的残酷束缚，他从未放弃对知识的渴望和对宇宙的好奇。霍金的每一次思考，都像是在黑暗中点亮的一盏微光。虽然他的身体被限制，但他的思想却如星辰大海般浩瀚无垠。他的著作《时间简史》不仅向众人普及了深奥的宇宙知识，更激励了无数人面对困难时保持坚韧不拔的精神。霍金的生命之光，虽微小却坚韧，证明了即使在最艰难的环境下，人类追求真理与智慧的光芒也能永恒不朽。

〔示例2〕

哲学思考与人生意义：

从哲学的角度深入探讨生命的意义和价值，如通过对比宇宙的浩瀚与人生的短暂，引发读者对生命本质的思考。

〔示例3〕

历史视角与未来展望：

将个体生命置于历史的长河中进行审视，探讨过去那些微小却坚定的努力如何塑造了今天的世界。

〔示例4〕

精神力量与心灵慰藉：

聚焦于精神层面的不朽，讲述那些通过文学作品、音乐作品、艺术作品或简单的人与人之间的关爱与帮助，给予他人心灵慰藉和力量的人或事。那些看似无形的"微光"，却能在人们心中留下深刻的印记，成为永恒的记忆。

〔示例5〕

社会贡献与影响力：

强调个人通过积极参与社会活动或创新发明等方式，对社会产生正面影响，即使这些影响起初看似微不足道，但随着时间的推移，它们会汇聚成强大的力量，推动社会进步。

教师给出了具体的示例后提问学生：你们认为还有哪些新的立意角度可以尝试？学生进行小组讨论后完成下表。

《微光不朽》	立意要明确	立意应丰富	立意有深度
教师范例	个人成长与 自我实现	哲学思考与 人生意义	社会贡献与 影响力
我的创新	……	……	……

2. 教师教授逆向思维和联想思维的方法，鼓励学生尝试从不同角度进行立意创新。

（1）逆向思维，它是对司空见惯的、似乎已成定论的事物或观点反向思考的一种思维方式。

"微光"的局限性：

探讨在某些情境下，"微光"可能因过于微弱而被忽视，甚至在某些强大的负面力量面前显得无力。但即便如此，这种局限性也恰恰凸显了坚持与不屈的重要性，即使力量微小，也不应放弃发光、发热。

（2）联想思维，一种没有固定思维方向的自由思维活动。

自然界的"微光"：联想到自然界中的萤火虫、星光等微小光源，探讨它们的象征意义，这种联想可以引申到人类社会中，每个人都可以成为他人生命中的"萤火虫"，即使光芒微弱，也能为他人带去温暖和光明。

学生进行小组讨论，尝试运用逆向思维和联想思维，提出新的立意角度，填写下表。

《微光不朽》	逆向思维	联想思维
教师范例	"微光"的局限性 "不朽"的相对性	自然界的"微光" 历史长河中的"微光"
我的创新	……	……

学生根据讨论结果，选择一个立意角度，进行片段写作练习。

四、结合教材，实战练习

1. 教师给出写作题目《成长的印记》，引导学生审题并确定立意，并给学生提供评价量表，明确评价标准。

（屏显）

回想在《从百草园到三味书屋》中，作者对童年生活的描绘，无论是充满生机的百草园，还是肃穆的三味书屋，都承载着他成长的记忆与感悟。请结合你对这篇课文的理解，以及你自身的生活经历，以"成长的印记"为题，写一篇不少于600字的记叙文，探讨成长过程中的变化与收获。

	题　目	审　题		立　意
		限制性	含义性	逆向|联想
范例	《微光不朽》	微	不朽	文化传承与创新
1	《成长的印记》			

2. 对照评价量表

评价维度	评价标准	自 评	他 评
理解题目	准确理解题目要求和限制条件，无遗漏关键信息	☆☆☆☆☆	☆☆☆☆☆
确定立意	明确丰富、深刻、符合要求	☆☆☆☆☆	☆☆☆☆☆
选择材料	相关性强、具有典型性、丰富性	☆☆☆☆☆	☆☆☆☆☆
结构安排	逻辑清晰、结构完整	☆☆☆☆☆	☆☆☆☆☆
语言表达	准确清晰、生动形象、规范	☆☆☆☆☆	☆☆☆☆☆

说明："审题立意"是写作训练的重要环节，它旨在帮助学生学会准确理解题目的要求，并从多个角度深入思考，以确定文章的主旨和立意。

3. 示例点评

成长的印记

在岁月的长河中，每个人的心灵深处都镌刻着独一无二的成长印记，它们如同鲁迅先生笔下那既生机勃勃又静谧深邃的"百草园"和"三味书屋"，既承载着童年的欢声笑语，也映照着青春路上的沉思与蜕变。

〔点评〕开篇直接点题"成长的印记"，立意明确。并通过"百草园"与"三味书屋"两个象征性场景，明确了文章探讨的是个人成长过程中的不同阶段及其影响。

我的童年，就像鲁迅先生笔下的百草园，充满了无限的好奇与探索。夏日的午后，我常和伙伴们穿梭在稻田边的小树林中，追逐着五彩斑斓的蝴蝶，探索着每一个未知的小洞穴。那些看似微不足道的自然奇观，如会"唱歌"的蝉、能"隐身"的蚱蜢，都成了我心中最宝贵的宝藏。这些经历，如同在我心田播下了一颗颗探索的种子，让我在成长的路上，始终保持着对未知世界的好奇与渴望。

"百草园"是我童年的缩影，它教会了我如何去爱这个世界，如何在自由中探索未知。我曾发现过一株奇特的野花，它的花瓣上有着我从未见过的复杂纹路。我小心翼翼地摘下它，带回家中，用放大镜仔细观察，甚至尝试用画笔记录下它的美丽。这个过程，不仅让我对自然之美有了更深的理解，也激发了我对科学探索的兴趣。我学会了观察，学会了思考，更学会了珍惜每一次与大自然亲密接触的机会。

〔点评〕这一段立意有深度，隐含了对自然美与科学探索精神的赞美，以及对个人成长内在动力的思考。细腻生动，如"小心翼翼地摘下""用放大镜仔细观察"，增强了叙事的真实感和感染力。

随着年岁的增长，我步入了人生的另一个阶段——"三味书屋"。这里，没有了百草园的欢声笑语，取而代之的是书页的翻动声和笔尖的"沙沙"作响。我参加了学校的科学兴趣小组，与志同道合的伙伴们一起探讨物理定律、化学反应，甚至动手做实验。正如鲁迅先生所言："希望是附丽于存在的，有存在，便有希望，有希望，便是光明。"在知识的照耀下，我逐渐明白了成长的真谛。

从"百草园"到"三味书屋"，我经历了从自由探索到严谨求知的转变，也收获了成长的喜悦与感悟。这两个世界，看似截然不同，实则相辅相成。我在"百草园"中培养的好奇心与探索欲，在"三味书屋"中得到了进一步的升华与运用。我开始尝试将所学知识应用于实际生活中，比如利用物理原理制作简易的太阳能小车，用化学知识解释日常生活中的现象。这些实践不仅加深了我对知识的理解，也让我体会到了知识的力量与价值。我意识到，成长不仅仅是知识的积累，更是将所学转化为实际行动，为社会作出贡献的过程。

〔点评〕这一段立意有深度，触及了成长的终极意义——不仅是个人的成长，更是对社会的贡献。"成长不仅仅是知识的积累，更是将所学转化为实际行动"，富有哲理，引人深思。

"成长的印记，是时间的低语，是生命的痕迹。"它们如同夜空中最亮的星，指引着我前行的方向。无论是百草园中的欢声笑语，还是三味书屋里的勤奋苦读，都是我人生旅途中宝贵的财富。它们见证了我的成长，也记录了我的蜕变。在未来的日子里，我将带着这些印记，继续书写属于自己的精彩篇章，让生命之花在不断地探索与追求中绽放得更加灿烂夺目。

〔点评〕回顾了从"百草园"到"三味书屋"的整个过程，展现了成长的全面性和深刻性。将成长视为生命之花的绽放，赋予了深刻的象征意义。

江西师范大学附属中学　黄子涵

整体谋划 把握全局
——布局谋篇（九下第三单元）

本单元写作训练要求是"整体谋划，把握全局"，符合《义务教育语文课程标准（2022年版）》第四学段（7～9年级）表达与交流的要求："合理安排内容的先后和详略，条理清楚地表达自己的意思。""注重写作过程中搜集素材、构思立意、列纲起草、修改加工等环节，提高独立写作的能力。"

文章主题如何凸显，故事内部的繁简如何安排，事件之间的顺序如何设计，很多学生对此缺乏一个清晰的概念，为了更好地帮助学生学会布局谋篇，建构好作文的骨架，本单元写作教学课例特对文章主体的布局谋篇进行指导，以帮助学生提高写作水平。

学习目标

1. 掌握记叙文布局谋篇的三种方法，培养写作列提纲、搭框架的结构意识；
2. 培养写作过程中合理设计开头、转承与照应的布局意识。
3. 培养学生多角度观察生活，热爱生活，用写作反映生活的能力。

思维导图

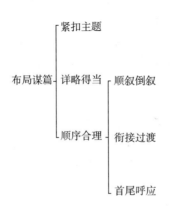

教学过程

一、激趣导入

教师呈现中国象棋棋子布局图，以"开局哪个子先走"提问，引导学生思考，激趣导入。

师：象棋之道恰与文章之法相通。象棋之道讲究排兵布阵，谁先出谁后走井然有序，而文章之法同样讲究布局谋篇，重视各部分之间的安排。

（屏显）

布局谋篇，写好文章。

二、明确概念

师明确"布局谋篇"的概念，即在审题立意、选材之后，对材料的组织、结构的安排等做整体谋划，进而引导学生思考"布局谋篇要围绕什么展开"。写文章是为了体现主题，一切的布局谋篇自然都是为了主题，须围绕主题而展开。然后，教师进一步引导学生明白文章的主题也就是文章的写作目的，随即举例："比如说一位作者，他的母亲去世多年，如今他向我们讲述母亲的故事，那必然是表达对母亲的怀念。"

三、学会布局谋篇的三大方法

1. 紧扣主题选择素材

以莫言诺贝尔文学奖获奖演讲"回忆母亲"为材料，要求学生以"当作者深情地讲述母亲言传身教的点点滴滴时，他向我们揭示了母亲的品质，这是一个（　　）的母亲"格式要求填空。

明确：引导学生明白谋篇布局要紧扣主题。在写文章前，心里就要想好主题，然后去寻找素材来布局谋篇表现主题。"这就是布局谋篇的第一个方法：紧扣主题。

2. 合理安排材料顺序

师以莫言演讲中"我最后悔的一件事""我记得最深刻的一件事""我记忆中最痛苦的一件事""我记忆中最早的一件事"以及"母亲去世"等片段为例，故意将上述片段顺序打乱，引导学生发现其中关于时间的标志性语句，进而调整顺序。

【片段1】我最后悔的一件事，就是跟着母亲去卖白菜，有意无意地多算了一位买白菜的老人一毛钱。算完钱我就去了学校。当我放学回家时，看到很少流泪的母亲泪流满面。母亲并没有骂我，只是轻轻地说："儿子，你让娘丢了脸。"

【片段2】我记得最深刻的一件事，是一个中秋节的中午，我们家难得地包了一顿饺子，每人只有一碗。正当我们吃饺子时，一个乞讨的老人，来到了我们家门口，我端起半碗红薯干打发他，他却愤愤不平地说："我是一个老人，你们吃饺子，却让我吃红薯干，你们的心是怎么长的？"我气急败坏地说："我们一年也吃不了几次饺子，一人一小碗，连半饱都吃不了！给你红薯干就不错了，你要就要，不要就滚！"母亲训斥了我，然后端起她那半碗饺子，倒进老人碗里。

【片段3】我记忆中最痛苦的一件事，就是跟随着母亲去集体的地里拣麦穗，看守麦田的人来了，拣麦穗的人纷纷逃跑，我母亲是小脚，跑不快，被捉住，那个身材高大的看守人扇了她一个耳光。她摇晃着身体跌倒在地。看守人没收了我们拣到的麦穗，吹着口哨扬长而去。我母亲嘴角流血，坐在地上，脸上那种绝望的神情让我终生难忘。多年之后，当那个看守麦田的人成为一个白发苍苍的老人，在集市上与我相逢，我冲上去想找他报仇，母亲拉住了我，平静地对我说："儿子，那个打我的人，与这个老人，并不是一个人。"

【片段4】我记忆中最早的一件事，是提着家里唯一的一个热水瓶去公共食堂打开水。因为饥饿无力，失手将热水瓶打碎，我吓得要命，钻进草垛，一天没敢出来。傍晚的时候，我听到母亲呼唤我的乳名。我从草垛里钻出来，以为会受到打骂，但母亲没有打我也没有骂我，只是抚摸着我的头，口中发出长长的叹息。

【片段5】我母亲生于1922年，卒于1994年。她的骨灰，埋葬在村庄东边的桃园里。去年，一条铁路要从那儿穿过，我们不得不将她的坟墓迁移到距离村子更远的地方。据开坟墓后，我们看到，棺木已经腐朽，母亲的骨殖，已经与泥土混为一体。我们只好象征性地挖起一些泥土，移到新的墓穴里，也就是从那一时刻起，我感到，我的母亲是大地的一部分，我站在大地上的诉说，就是对母亲的诉说。

3. 材料详略要得当

根据上述五则材料，在恢复合理顺序的同时，鼓励学生尝试多种排序并说出理由，如"我记得最深刻的一件事""我记忆中最痛苦的一件事"两个片段内容较为充实，故将详写内容安排在前面，顺势引导出"详略安排要得当"。

明确：根据主题搜集素材，选择那些能紧扣主题的素材，并关注材料之间的时间或逻辑顺序，重点内容靠前安排，非重点内容靠后安排，有详有略繁简得当。

三、学会布局谋篇的两个技巧

师呈现一张"我"寒夜救助一位无家可归的老人的照片，口述与老人相遇的简单经过，要求学生将这个故事梗概形成表格式的框架。（见下表）

（屏显）

深夜一位沧桑老人卧在三轮车车斗里的照片。

人物："我"和那个孤苦无依的老人。

故事过程：冬夜我遇见老人——我了解情况——为老人买麻辣烫——为老人报警——为老人捐钱——离开——惦念。

故事主题：对弱者的同情、对自身社会责任的自觉担当。

故事经过	故事内容	详略设计
过程一	冬夜相遇	
过程二	了解老人情况	
过程三	帮助老人（买食物、报警、捐钱）	
过程四	我离开现场	
过程五	我惦念老人	

技巧1：倒叙开头

师引导学生思考："能不能把过程五作为开头呢？"进而引出倒叙的开头设计，并对倒叙式开头作进一步细化、点拨，教师自撰倒叙开头让学生自行评价和感悟。

（屏显）

昨夜，南昌突然刮起了大风，温度骤降，仿佛冬天再次降临。狂风像饥饿的猛兽一样撕扯着窗棂，在楼栋间疯狂扑腾。黑暗中的我睁开眼睛，默默坐起身。窗前的大树骤烈摇晃着，这情景，和八年前那个冬夜一模一样，只是，那个老人，还好吗？

技巧2：首尾呼应

师引导学生深入学习文章开头结尾之间的相互照应，"开头预设口子"后，"结尾收好口子"，进行"首尾呼应式"的布局。师明确：所谓首尾呼应，指的是文章的结尾在内容上照应开头。这种"照应"，可以用描写、抒情、叙事来体现。

（屏显）

不知不觉一个小时过去了，窗外的风还在"呼呼"地刮着。我的脑海里浮现出许多老人的身影，那个在桥下孤苦无依的老人，住在桥洞下流浪的老人，福利院里的孤寡老人，我家乡的那些空巢老人……该为他们做些力所能及的事了，我暗暗想着，东方的天空，已经露出一丝白光。

师引导学生赏析，上述结尾一方面照应了开头，另一方面使文章的主题得以深化，不再局限于一个老人的惦念和关怀，而是对天下所有的老人，从而增加了文章思想的厚度。

四、评价及修改

通过上述内容的学习，学生应能独立完成布局谋篇的优化，主要体现在"主题明确且选材能紧扣主题""文章素材详略安排得当""行文顺序合理"几点上，其中"主题明确"是前提。然后在"详略""顺序"和"倒叙""首尾呼应"这些辅助性技巧配合下，实现布局谋篇的升格。

1. 对照评价量表

评价项目	自　评	他　评
①选材紧扣主题	☆☆☆☆☆	☆☆☆☆☆
②素材详略得当	☆☆☆☆☆	☆☆☆☆☆
③行文顺序合理	☆☆☆☆☆	☆☆☆☆☆
④能以倒叙的形式开头	☆☆☆☆☆	☆☆☆☆☆
⑤文章开头与结尾有呼应	☆☆☆☆☆	☆☆☆☆☆

2. 示例点评

那一刻，我的世界春暖花开（片段）

那是一双怎样的鞋子？

黑色鞋面，松松地系着已有褶皱的鞋带，前端的颜色似乎分外深——被打湿了。

沿着学校门外的林荫道缓缓行来，冬日的寒风猛烈地摇晃着早已掉光叶子的银杏，撕扯着常青的香樟。雨水的声音单调地重复着，让我的心在一片冰冷中渐渐麻木。

本应是满心愉悦的返校日，可我的心如同脚上这双湿掉的鞋子，沉重、冰冷——已是初三，父母的叮嘱、老师的期望、自我苛求，都使我觉得前路漫长，又如何"上下而求索"？

······

向远望去，前方的道路延伸，通向我看不见的地方，可即使这样，又如何呢？我终是要越过那些沟沟坎坎、绕过那些坚石暗礁，父母的期许、老师的期望，不也是对远方的祝福？

我大步走着，自己的路，终归要自己走完。

哪怕你穿着一双湿鞋。

抬头看的那一刻，我的世界，春暖花开。

〔点评〕

本文布局较为优秀，开头由眼前的情景引出，随后交代文章故事背景，接着展开联想，形成文章主体。而结尾由联想回归眼前，既实现了首尾呼应，又加深了文章主题。

江西师范大学附属中学　曹　楷

文不厌改　精益求精

——修改润色（九下第四单元）

"修改润色"是写作中不可或缺的重要环节，是提高文章质量和可读性的有效途径。

本单元写作教学课例旨在引导学生养成修改作文的习惯，帮助学生在修改时能借助语感和语法修辞的常识，润色优化，并乐于分享，沟通见解、体会，从而提高写作能力。

学习目标

1. 通过自主学习与范例讨论，学生能够了解修改文章的基本步骤和方法，养成修改习惯。

2. 通过练习，学生在写作中能够运用修改润色方法，使文章出彩，让人印象深刻。

思维导图

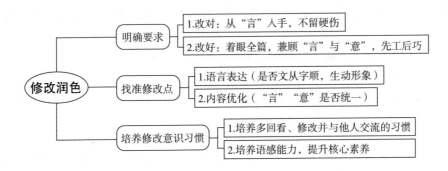

教学过程

一、导入

教师从北宋文坛领袖欧阳修请他人修改《醉翁亭记》的故事入手，引导学生借鉴名家修改润色的方法，培养自觉修改作文的习惯。

通过故事导入，让学生明白作文修改的重要性，明白反复推敲才能写出一篇好文章。

二、学习过程

教师通过文本引导学生明确作文修改、润色的要求，并指导学生学会找准修改要点然后进行修改、润色。

（一）阅读教材，明确要求

本单元作文训练达标要求为"改对"和"改好"。"改对"即从"言"入手，不留硬伤；"改好"要着眼全篇，兼顾"言"与"意"，做到先工后巧。

言，指言辞和表达，语言运用上若有"词不达意，语句不连贯，布局不合理"等现象则需进行修改；意，指立意和思想内容，如果存在"内容浮浅，观点牵强，材料单薄"等情况，就要进行润色、提炼。

明确：作文修改力求做到语句流畅，词能达意，内容充实有新意，"言"与"意"统一。

（二）阅读文本，找准修改点

教师出示材料，分两个步骤引导学生对材料进行整体审视，分别就语言表达、内容优化等方面进行修改训练，力求达到：文从字顺，可读性强；内容完善，"言""意"一致。

1. 语言表达要文从字顺

文从字顺能体现良好的语感。通顺、连贯、有分寸的语感有助于快速、准确地判断词语的搭配是否妥当、排序是否正确，有助于组织语言、理清思路，使句子之间有明确的关联和合理的转承，从而减少阅读障碍，增加良好的阅读体验。

（1）师生联动，运用语感找"不足"。

教师出示材料，引导学生在语言表达层面上进行修改训练，学生可以通过自主朗读或默读，在整体感知内容的基础上，寻找词句使用错误与不足之处。

（屏显）

他接过我的车，很娴熟地把车倒立起来，拔下轮胎，按到一盆水里。寒风呼啸着拂面吹来，我不禁打了个哆嗦。再看他，手还浸泡在冰冷的水里。他粗糙的手上有几道裂口，但我却从他的脸上看不到一丝对寒冷的反映。很快地，他补好了车胎，并将打足了气的车胎浸到水中仔仔细细地检查了一番，然后就撒了气阀，把内胎安好，然后又拿起打气筒为车胎重新打气。做好这一切后，他把车推到我面前，然后像开始那样对我憨憨地笑着。

教师引导学生关注上述材料中的指向性错误并进行修改，使之文从字顺、生动形象。

学生阅读文本后发现其中词句使用多有错误或不足，明确修改要点为语言运用方面，可就"字词运用是否准确、达意、得体，句子是否通顺、生动"等方面进行修改。

（2）悉心修改，辩词析句明方向。

①从字词运用上看："然后""并""车胎""重新"属于赘余，重复啰唆，应删除；"拂"表示动作轻柔，与文中"寒风呼啸"语境不合，词不达意，应改为"扑"；"娴熟"有强调动作的优雅和轻松自如，偏向书面色彩，应改为"熟练"；"反映"是指将客观事物的本质和情况转达给上级或有关部门，在这里搭配不当，可改为"在意"或"畏惧"等。

②从句子使用上看："一丝对寒冷的反映"这句话不通顺，可修改为"对寒冷的一丝在意"或"对寒冷的一丝畏惧"等。

学生对比阅读修改前后的文本，分享修改成功后的喜悦。

2. 内容优化使"言""意"一致

"言之无文，行之不远。"提升语言品质、增强语言表现力与感染力是进阶思维，需要在写作实践中加以历练。

（1）他山之石，跟着经典学润色。

教师选择教材中几个典型句子进行示范，学生分组讨论，探究名家经典的写作之道。

〔示例1〕

例句：进来一个先生，夹着书，向学生介绍自己。

原句："其时进来的是一个黑瘦的先生，八字须，戴着眼镜，挟着一叠大大小小的书。一将书放在讲台上，便用了缓慢而很有顿挫的声调，向学生介绍自己道：'我就是叫作藤野严九郎的……'（鲁迅《藤野先生》）

写人写事要具体：原句通过外貌、动作、神态、语言等方法再现初见藤野时的情景，描写了先生的质朴和蔼的形象，表达了作者对先生的深深怀念之情。而例句对人物没有具体描写，印象不深刻。

〔示例2〕

例句：我们点开船，飞一般径向赵庄前进了。

原句："我们已经点开船，在桥石上一磕，退后几尺，即又上前出了桥。于是架起两支橹……"（鲁迅《社戏》）

动作过程要分解：原句用"点、磕、退、架起"等一组动词描写了小伙伴开船的动作，生动传神地写出了他们熟练的驾船技术，表现了他们聪明能干的特点，表达了对他们的赞美以及"我"去看社戏的喜悦和急切心情。但例句没有这样的细节描写，无法表现小伙伴活泼、能干的形象。

〔示例3〕

例句：济南的冬天是没有风的。

原句："济南的冬天是没有风声的。"（老舍《济南的冬天》）

写景状物抓特征：原句用"没有风声"具体、准确地描写出济南的冬天风小的特点，同时画面感很强，暗含作者对冬天的济南的喜爱和赞美之情。例句"没有风"没有体现出济南冬天的特征，也不符合客观实际。

（2）小试牛刀，修改习作望升格。

①速读习作，润色提炼关键语句。

〔开头〕我家的书房里，摆着一张很大的照片，是我给奶奶与一件钧瓷的合影。

〔中间〕我深深折服了。倒流壶上的纹饰终于完工，奶奶起身休息，回头对我微微一笑："刻花看似简单，实则需要耐心和定力，必须专注，一点儿马虎不得。"我赶紧拿出相机，咔嚓一声，拍下了这张合影。

〔中间〕时间缓缓如流水，转眼间我已是一名初中生。奶奶也被时光一点点压弯了腰，两鬓业已花白，眼神却依然清澈。

〔结尾〕我多么想回到当年那明亮、宁静的车间，给那段岁月多留下几张合影，为奶奶对艺术的痴迷和敬意，也为我那渐行渐远的童年。

——学生习作片段（初稿）

②学生分组合作，归纳润色的方法。

分组修改，展示润色后的习作。

〔开头〕我家的书房里，摆着一张很大的照片，是早年我给奶奶与一件钧瓷的合影。

〔中间〕我深深折服了。窗内一道剪影，窗外一片静寂。倒流壶上的纹饰终于完工，奶奶起身休息，回头对我微微一笑："刻花看似简单，实则需要耐心和定力，必须专注，一点儿马虎不得。"我赶紧拿出相机，咔嚓一声，拍下了这张合影。

〔中间〕逝者如斯！奶奶也被时光一点点压弯了腰，两鬓已经花白，眼神却依然清澈。

〔结尾〕我多么想回到当年，在那明亮、宁静的车间，给那段岁月多留下几张合影，为奶奶对艺术的痴迷和敬意，也为我那渐行渐远的童年。

——学生习作片段（升格篇）

③分享感受，归纳润色方法。

词语运用应自然。原文中的"业已"多用于公文和正式场合，书面语色彩较浓，可换成"已经"，读起来更通顺。

句式变换求新意。原文"我多么想回到当年那明亮、宁静的车间"调整为"我多么想回到当年，在那明亮、宁静的车间"，将长句变短句，句式改变后语势更强烈。

多种描写绘深情。"窗内一道剪影，窗外一片静寂。"这里运用环境描写，用景物渲染、对比，营造出一种宁静、安好的氛围，从侧面表现出奶奶工作时非常专注。

"奶奶也被时光一点点压弯了腰，两鬓已经花白，眼神却依然清澈。"这里采用细节描写，抓住外貌神态特征，多角度地表现了奶奶的形象。用时光"压弯腰"，借物喻人，写出了时光荏苒、岁月悠悠的沧桑感，深入人心。

"明亮、宁静的车间"此处从视觉和听觉两方面描写车间内的光线与氛围，画面感很强。

巧用修辞添妙笔。将原文中"时间缓缓如流水，转眼间我已是一名初中生"换成"逝者如斯！"采用了引用手法，简洁又凝练，增添了书卷味，情感得到了升华。

由上可见，升格文的内容更有可读性，更能打动读者。因此，在实践中掌握语言润色技巧，才能使文章文采飞扬，也使读者得到美的享受。

三、总结方法，培养修改习惯

教师给学生提供评价量表，明确评价标准，引导学生培养修改习惯，提高语感能力。

1. 对照评价量表

评价维度	评价标准	自 评	他 评
①修改、润色的要求	改对、改好，"言""意"一致	☆☆☆☆☆	☆☆☆☆☆
②找准修改点	语言顺畅，内容完善	☆☆☆☆☆	☆☆☆☆☆
③培养修改习惯	多修改，多交流，提高核心素养	☆☆☆☆☆	☆☆☆☆☆

说明："修改润色"是提升写作水平的有效途径，它能使学生在语感分析与实践表达中自我感知、用心锤炼，经过多次修改以及相互交流与借鉴后，才能不断进步。

2. 示例点评

我的写作故事

〔开头〕我喜欢写作。回顾我的写作之路，笔下的每一处风景，肩并肩一起走过的人，值得回味的故事借由文字在生活中留下印迹。我认为我的写作水平是在这个过程中在不断提升的，但有些地方仍需改进。

〔中间〕在语言运用上须自然流畅，这是我目前需要加强的。我认为写作的本质其实就是表达与沟通，"我手写我心"，写出真情实感最好。我试着像聊天一样写作，常问自己是不是在写"人话"。

〔结尾〕总之，写作就像一个漫长、让人疲惫但又充满乐趣的旅程。讲述的故事、采用的词汇，赋予了生命的人物，共同创作出只属于自己的世界。

——学生习作片段

〔点评〕

这篇习作片段有以下几方面值得肯定。

首先扣题准确，小作者讲述"我的写作故事"，从"我"出发，结合自身的写作实践，以"我"的视角，"我手写我心"，具有鲜明的个性。

其次，语言顺畅，写作心得娓娓道来，朴实中不失雅趣。

最后，结尾照应开头，点明旨意："留心生活，记录美好，用心写出属于自己的东西。"

总之，写作不是一蹴而就的过程，它是在长期的积累与精进以及持之以恒的创作与打磨之中不断完善的。修改润色是完善写作的重要环节，要多看多回顾，向名家经典学，学习他们遣词造句的艺术；向身边的人学，积极交流与分享，在实践中去觉知生活，细致观察、用心思考，不断修订、锤炼，从而习得提升语言品质的方法与技巧。

南昌市红谷滩区勤学路学校　余海燕

博采众长 成一家风格

——有创意地表达（九下第六单元）

　　本单元的写作训练要素是"有创意地表达"，符合《义务教育语文课程标准（2022 年版）》对九年级学生的要求："能对自己觉得新奇有趣或印象最深、最受感动的内容进行表达，珍视个人的独特感受，鼓励学生尝试多种形式的表达，摆脱常规的习作思维。"

　　在写作中，有创意地表达是一个多维度的概念，它指的是表达时有新颖、有个性、不落俗套。要做到有创意地表达，则立意要新、选材要新、角度要新、语言表达要新和表现形式要多样。

学习目标

1. 有创意地表达自己的见解。
2. 促进学生运用联想、类比等方法，提高创新思维水平。
3. 鼓励学生将不同学科的知识运用到表达中，提高跨学科思维水平。

思维导图

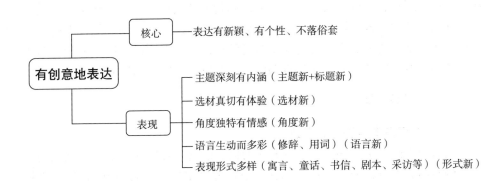

教学过程

一、激趣导入

教师以 PPT 导入故事，带着学生从经典故事中探寻有创意地表达的奥秘与技巧。

（屏显）

三名营销员到寺院推销梳子。第一个人说："和尚没有头发，卖什么梳子！"于是回去睡大觉，一把梳子也没有卖出。第二个人告诉和尚，头皮应该定期梳理，不仅止痒，还能活化血管，这对健康有益，于是卖了一些。第三个人对和尚说："梳子是善男信女的必备之物，如果大师能为梳子开光，成为她们的护身符，既能积德行善，又能保佑平安，他们很可能为自己的亲朋好友请上一把，既保佑平安，又能弘扬佛法，岂不是天大善事？"结果梳子供不应求。

二、明晰概念

师：第三个和尚能够成功地将梳子推销出去，正是因为他别出心裁，抓住了顾客的心。那么，我们写文章，就像把自己的文章推销出去一样，也需要用"创意"来抓住读者的心。同学们，什么是有创意地表达呢，你所理解的有创意是怎样的，怎样才能做到创意表达？

明确：组织学生围绕问题进行讨论交流，在合作探究过程中，让学生明晰如何"有创意地表达"。帮助学生明确以下基本问题："有创意地表达"就是指表达时有新颖、有个性、不落俗套。想要有创意地表达，除立意新颖外，还要注意选材要新颖、角度要新颖、语言表达要新颖和表现形式也要新颖。想做到选材新颖，从大的方面说，则是要写社会生活中出现的新事物，能让人感受到时代气息；从小的方面说，要写属于自己的东西。只有自己经历、体验、感受到的那些富有个性的东西，才是真切的，才能够感染并打动读者。

三、学习过程

（一）关注课本里的创意表达

通过课本的例子引导学生发现其中的创意表达，合作探究出"有创意地表达"的技巧有五条，分别是：主题深刻有内涵（主题新＋标题新）；选材真切有体验（选材新）；角度独特有情感（角度新）；语言生动而多彩（语言新）；表现形式多样（寓言、童话、书信、剧本、采访等）（形式新）。

1. 主题深刻有内涵

师生研读《走一步，再走一步》和《驿路梨花》节选，讨论其中的创意表达。

（屏显）

就这样，一次一步，一次换一个地方落脚，按照他说的往下爬，爸爸强调每次我只需要做一个简单的动作，从来不让我有机会停下来思考下面的路还很长，他一直在告诉我，接下来要做的事情我能做。

突然，我向下迈出了最后一步，然后踩到了底部凌乱的岩石，扑进了爸爸强壮的臂弯里，抽噎了一下，然后令人惊讶的是，我有了一种巨大的成就感和类似骄傲的感觉。

——《走一步，再走一步》（节选）

（屏显）

原来她还不是梨花。我问："梨花呢？"

"前几年出嫁到山那边了。"

不用说，姐姐出嫁后，是小姑娘接过任务，常来照管这小茅屋。

我望着这群充满朝气的哈尼小姑娘和那洁白的梨花，不由得想起了一句诗："驿路梨花处处开。"

——《驿路梨花》（节选）

明确：有创意地表达技巧——主题深刻有内涵（主题新＋标题新）。

2. 选材真切有体验

师生研读《秋天的怀念》节选，探讨其中的创意表达。

（屏显）

"听说北海的花都开了，我推着你去走走。"她总是这么说。母亲喜欢花，可自从我的腿瘫痪后，她侍弄的那些花都死了。

……

又是秋天，妹妹推我去北海看了菊花。黄色的花淡雅，白色的花高洁，紫红色的花热烈而深沉，泼泼洒洒，秋风中正开得烂漫。我懂得母亲没有说完的话。妹妹也懂。我俩在一块儿，要好好儿活……

明确：有创意地表达技巧——选材真切有体验（选材新）

3. 角度独特有情感

师生研读《一滴水经过丽江》节选，探讨其中的创意表达。

（屏显）

"是的，我又化成了一滴水，和瀑布里另外的水大声喧哗着扑向山下。在高山上，我们沉默了那么久，终于可以敞开喉咙大声喧哗。一路上，经过了许多高大挺拔的树，名叫松与杉。还有更多的树开满鲜花，叫做杜鹃，叫做山茶。经过马帮来往的驿道，经过纳西族村庄里的人们，他们都在说：丽江坝，丽江坝，那真是一个山间美丽的大盆地。"

明确：有创意地表达技巧——角度独特有情感（角度新）

4. 语言生动而多彩

师生研读《春》节选和《安塞腰鼓》，探讨其中的创意表达。

（屏显）

"雨是最寻常的，一下就是三两天。可别恼。看，像牛毛，像花针，像细丝，密密地斜织着，人家屋顶上全笼着一层薄烟。树叶子却绿得发亮，小草也青得逼你的眼。"

——《春》（节选）

明确：写雨的句子，一连用了三个比喻，形象地写出春雨的细、密、亮的特点。《安塞腰鼓》"骤雨""旋风""乱蛙"形容鼓点、流苏、脚步。有创意地表达技巧——语言生动而多彩（语言新）。

5. 表现形式可多样

师生研读《皇帝的新装》，探讨其中的创意表达。

明确：有创意地表达技巧——表现形式多样（寓言、童话、书信、剧本、采访等）（形式新）。

经过探究课本中的经典片段，让学生发现做到"有创意地表达"是有技巧可循的，总结为：主题应深刻有内涵；选材注重生活，真切感人有体验；角度要独特，与众不同更震撼；语言要生动，修辞手法要准确；形式有创意，令人耳目一新。

（二）关注典籍里的创意表达

通过两个古典文集的节选，引导学生到课本外去寻找有创意的表达，并发现其中的技巧。

师：同学们，请研读以下古典文集的节选，说说它们的创意表达。

（屏显）

晏子使楚。楚人以晏子短，为小门于大门之侧而延晏子。晏子不入，曰："使狗国者从狗门入。今臣使楚，不当从此门入。"傧者更道，从大门入。见楚王，王曰："齐无人耶？使子为使。"晏子对曰："齐之临淄三百闾，张袂成阴，挥汗成雨，比肩继踵而在，何为无人？"王曰："然则何为使予？"晏子对曰："齐命使，各有所主。其贤者使使贤主，不肖者使使不肖主。婴最不肖，故宜使楚矣。"

——《晏子使楚》

（屏显）

大清乾隆朝王翰林为母亲做寿，请纪晓岚即席做个祝寿词助兴。老纪也不推辞，当着满堂宾客脱口而出："这个婆娘不是人。"老夫人一听脸色大变，王翰林十分尴尬。老纪不慌不忙念出了第二句："九天仙女下凡尘。"顿时全场活跃、交口称赞，老夫人也转怒为喜。老纪接着高声朗读第三句："生个儿子去做贼。"满场宾客变成哑巴，欢悦变成难堪。老纪喊出第四句："偷得仙桃献母亲。"大家立刻欢呼起来。

——《纪晓岚巧写祝寿诗》

明确：《晏子使楚》的创意表达主要体现在机智巧妙的语言艺术、对比衬托的描写手法、将个人与国家命运紧密相连以及利用象征和隐喻等方面。这些创意的表达方式共同构成了这个故事独特的艺术魅力，使得晏子这一人物形象深入人心，成为一个经典的历史形象。《纪晓岚巧写祝寿诗》，巧妙运用了先抑后扬的手法，不仅使文章增加了悬念和趣味性，也蕴含了深刻的思想内涵和文化底蕴。

（三）关注个性，自成一家风格

1. 写作练习

让学生创意推销自己，打造"独特之光"的个人品牌。

在这个信息爆炸的时代，每个人都渴望在人群中脱颖而出，展现自己的独特魅力。然而，如何有效地推销自己，让更多的人记住并欣赏自己，却是一个值得深思的问题。今天，请以"我的独特之光"为题向大家展示自己独特的一面。字数在200字以内。

2. 小组讨论

小组内交流习作，并推选好的作品向全班展示。

3. 对照评价量表

评价项目	自 评	他 评
①立意新颖，有创新思维	☆☆☆☆☆	☆☆☆☆☆
②选材新颖，能捕捉事物的独特之处	☆☆☆☆☆	☆☆☆☆☆
③角度新颖，能发挥想象打破常规	☆☆☆☆☆	☆☆☆☆☆
④语言新颖，描写生动	☆☆☆☆☆	☆☆☆☆☆
⑤结构有创意，表现形式多样	☆☆☆☆☆	☆☆☆☆☆

说明：立意新、选材新、角度新、语言新和结构新，这五个方面成为衡量创意表达的标准。

4. 示例点评

我的独特之光

大家好，我是张伟杰，性格开朗乐观，是同学们的"开心果"。学习上，我擅长数理化，总爱挑战难题，拥有一项独特技能——快速心算，难题秒解不在话下。生活中，我对天文充满无尽好奇，爱好观测星空，总能在浩瀚宇宙中找到不一样的美。为了更好地观测天空，我加入了学校的天文社，日日与星辰为伴。我的梦想是将来能成为一名航天工程师，探索未知的星球。回首过去，我生活充实；展望未来，我信心满满。我愿以知识为翼，飞向更广阔的天地。谢谢大家，期待与你们一同成长！

〔点评〕

以"张伟杰"这一清晰的名字开场，从学习和生活两个方面进行自我介绍，条理清晰，给人留下了深刻的印象。作者清晰地阐述了自己的性格特点和学习特长，分享了丰富的生活爱好和社团活动经历，对未来有着明确的规划和展望，展现出了积极向上的精神风貌。总的来说，小作文内容丰富、结构清晰、语言生动，成功地展现了自己的个性。

南昌市红谷滩区碟子湖学校　吴　燕

后　记

　　摆在大家面前的是一本能解决广大一线教师燃眉之急的单元写作教学设计著作《初中语文单元写作学习任务群教学设计》。该书应《义务教育语文课程标准（2022年版）》而出，为真正落实"立德树人"的根本任务而生。

　　为了实现笔者30多年来的愿望——带领广大一线语文教师合作编写一本单元写作教学专著，罗文华劳模创新工作室申报了省级课题《初中语文单元写作学习任务群教学设计与实践研究》，希望能以课题研究为契机，以部编本初中语文六册教材所涉及的35个单元写作为研究对象，以一线教师在进行单元写作教学时所遇到的重难点为突破口，从理论、方法、实操三个角度有序展开，旨在引导教师们如何设计出一堂优质的初中语文单元写作课。

　　此次初中语文单元写作课例开发历时一年，我们遇到了诸多难题，均被一一化解，如有个别老师因工作太忙无法按时完成任务时，我们主动帮助他查找各种资料，协助他完成后续工作；有些文稿较为粗糙、不够精练，笔者和另外两位主编主动帮助他反复打磨、力争出精品。为了进一步统一思想，更好地做好单元写作课例开发工作，我们利用周末时间，多次召开线上研讨会；为了研读新课标，掌控新动向，我们经常在作者群里分享阅读心得，交流读后感；为了更高效地完成书稿的修订工作，我们组建了6个小组，根据责任编辑的反馈意见，反复研讨，不断打磨，修订完善……从第一篇文章的完成到最后一篇文章的结稿，经过五轮修改，五次易稿，直到

2025年2月底才定稿。尤其是最后一次修改，作者都把文章一字一句大声读出来，小组成员之间则逐字逐句修改和完善，直至大家满意才定稿。

任何创作都离不开实践。首先要感谢江西师范大学附属中学，这里具有先进而又有创造性的管理理念、优秀而又充满活力的学生、卓越而又甘于奉献的教师团队，这里给了我们教学实践的大舞台。其次，本书在写作的过程中，对有些环节的处理借鉴了同行的智慧，在此深表谢意。好文章是改出来的，校对是一项烦琐的工作。魏俊芸、黄艳丽、邢国飞、邓海龙、徐鸿波、朱海聪、黄子涵等老师在百忙之中反复审读文稿，并提出修改意见，在此一并表示感谢。一位好学者遇上一位好编辑，就是读者的好福气，我对此深信不疑。责任编辑黎思玮以其深厚的学识、认真的态度、卓越的能力确保了本书的高质量出版。

《初中语文单元写作学习任务群教学设计》的出版是集体智慧的结晶，是团队力量的凝聚。借此机会，笔者要向所有支持、帮助我们的领导、同仁、朋友们表示衷心感谢！

若此书能对您有所启发与帮助，那我们将倍感欣慰。笔者更期待此书能成为单元写作教学道路上的"问路石"，以引出更多、更好的单元写作教学法，共同培养孩子们热爱写作的习惯，不断提高孩子们的写作水平。

限于水平，文章中难免有瑕疵，敬请读者批评指正。期盼使用本书的广大师生、家长、阅读爱好者提出宝贵意见，我们将集思广益，不断修订，使之趋于完善。

罗文华

2024年11月于江西南昌

图书在版编目（CIP）数据

初中语文单元写作学习任务群教学设计 / 罗文华，刘恺昕，魏俊芸主编. -- 北京：中国农业出版社，2025. 3. -- ISBN 978-7-109-33119-8

Ⅰ. G633. 342

中国国家版本馆 CIP 数据核字第 2025314YE7 号

初中语文单元写作学习任务群教学设计

CHUZHONG YUWEN DANYUAN XIEZUO XUEXI RENWUQUN JIAOXUE SHEJI

中国农业出版社出版

地址：北京市朝阳区麦子店街 18 号楼
邮编：100125
责任编辑：黎思玮
版式设计：杨　婧　责任校对：吴丽婷
印刷：中农印务有限公司
版次：2025 年 3 月第 1 版
印次：2025 年 3 月北京第 1 次印刷
发行：新华书店北京发行所
开本：700mm×1000mm　1/16
印张：15
字数：380 千字
定价：78.00 元